신문 보면서 맛있게 역사 공부하기

한입에 꿀꺽!
뉴스 속 세계사

● 일러두기
이 책은 〈조선일보〉에 '숨어 있는 세계사'라는 제목으로 연재되었던 원고를 바탕으로 편집되었습니다.

신 문 보 면 서 맛 있 게 역 사 공 부 하 기

── 한입에 꿀꺽! ──

뉴스 속 세계사

공미라 지음

팀

세상은 수많은 이야기들로 이루어져 있습니다. 그 속에는 여러분 이야기도, 제 이야기도 있지요. 아침에 일어나서 밥을 먹고, 하루를 보내고, 다시 잠에 들기까지 모든 순간 속에서 우리는 각자의 이야기를 만들어 갑니다. 우리 이야기가 모여 대한민국 이야기가 되고, 각 나라 이야기가 모여 다시 세계 이야기가 된답니다. 이것이 바로 역사가 생겨나는 과정이지요. 역사란 옛날 사람들이 살아오던 세상 이야기입니다. 대단해 보이는 역사책도 사실은 과거의 핫이슈를 엮어 놓은 것이지요.

역사는 칠판 속에만 있는 것이 아닙니다. 역사를 알기 위해 반드시 서랍 속 역사 교과서를 꺼낼 필요는 없어요. 2018년 현재 가장 핫한 소식을 알기 위해서는 어떤 곳을 찾아야 할까요? 매일매일 새로운 이야기들로 세상을 보여 주는 신문이 아닐까요? 신문 속에는 전 세계 사람들의 삶이 복작복작 모여 있습니다. 그리고 자세히 들여다보면, 현재의 모습과 함께 역사 속 이야기들도 살포시 숨어 있는 것을 알 수 있습니다. 일상 속에서 지나쳐 오던 많은 것들이 사실은 그 안에 더 많은 세상을 품고 있는 것이지요. 로또, 올림픽, 커피 등 신문 속 흔한 주인공들의 사연을 하나하나 듣는 것만으로 역사의 흐름을 알고 세계사를 이해할 수 있답니다.

나비효과라는 말이 있지요. 과거의 아주 작은 사건도 현재에 큰 영향을 줄 수 있습니다. 전혀 멀어 보이는 일들 사이에도 우리가 알지 못했던 다양한 이유들이 존재합니다. 과거에서 현재까지 전부 별개의 사건처럼 보여도 실은 모두 하나의 세상 안 이야기로서 전부 연관되어 있지요. 따라서 역사는 먼 곳이 아닌 가장 가까운 우리 삶에서부터 찾아야 합니다. 결국 우리

삶도 역사와 떨어질 수 없는 관계이고, 지금 이 순간 역시 역사를 써 나가는 과정입니다. 이것이 바로 역사를 배우고 익혀야 하는 이유이기도 하지요.

사람에게는 매일 들여다보아야 하는 세 가지 거울이 있다고 합니다. 얼굴을 비추는 동경(銅鏡), 마음을 비추는 심경(心鏡), 마지막으로 역사를 비추는 사경(史鏡)이지요. 신문은 역사를 비추는 거울과도 같은 역할을 합니다. 오늘날 우리가 있기까지 무슨 일이 있었는지 궁금하지 않나요? 이제 교과서를 덮고 신문을 한번 펼쳐 볼까요?

이 책이 엮이기까지 많은 분들이 도와주셨어요. 사랑하는 가족과 딸 은희에게 고마움을 표합니다. 원고를 꼼꼼히 챙겨 주셨던 조선일보사 연재 코너 〈신문은 선생님〉 담당 기자님들과 탐 출판사의 양선화 편집자님께 감사드립니다.

2018년, 봄

••• 차 례 •••

정치·국제

NEWS 2 경제

NEWS 3 사회·교육

NEWS 4 문화·스포츠·과학

NEWS 5 종교

NEWS

1

정치
국제

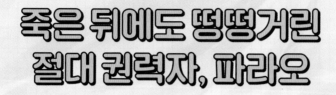

죽은 뒤에도 떵떵거린 절대 권력자, 파라오

2017년 5월, 우리나라에서는 19대 대통령 선거가 치러졌습니다. 하지만 선거가 치러진다고 해서 민주주의가 완성되는 것은 아닙니다. 민주주의 정착이 얼마나 어려운지는 이집트를 비롯한 아랍 국가 관련 뉴스를 보면 알 수 있지요. 2010년, 튀니지에서 독재자를 몰아내기 위해 시작된 민주화 운동은 또 다른 아랍 국가로 퍼져 나갔습니다. 이러한 민주화 물결을 통틀어 '아랍의 봄'*이라고 칭합니다.

피라미드와 스핑크스로 유명한 이집트에서도 2012년 6월, 첫 자유선거를 통해 무함마드 무르시 대통령을 선출했습니다. 하지만 그 이후에도 대통령의 권력을 막강하게 만든 일명 '파라오 헌법'을 둘러싸고 많은 대립이 이루어졌지요. 이집트에서 '파라오'란 어떤 존재였을까요?

아랍의 봄 ○●●
2010년 12월 이후 중동과 북아프리카에서 일어난 반정부 시위들을 말한다. 집회와 행진뿐 아니라 트위터와 페이스북 등 소셜 네트워크 서비스(SNS)를 이용한 시민들의 저항이 특징으로 꼽힌다. 이러한 반정부 시위들 중에서 이집트, 튀니지, 예멘은 실제로 정권 교체를 이루어 냈다.

높이 150m 무덤을 어떻게 지었지?

파라오 헌법에서 지칭하는 '파라오'는 기원전 3000년경, 고대 이집트의 통치자를 뜻하던 말이었습니다. 태양의 나라 이집트에서 파라오는 태양신 그 자체였답니다. 고대 이집트 사람들은 파라오가 세상 모든 것을 다스리며, 심지어 나일강의 범람까지도 주관한다고 믿었습니다. 파라오가 걸었던 땅에 키스하는 풍습도 이때 만들어졌지요. 매년 범람하는 나일강처럼, 매일 다시 떠오르는 태양처럼 '파라오는 죽음 뒤에도 다시 부활한다.'라는 절대적인 믿음을 가지고 있었습니다.

이집트 사람들은 인간의 영혼이 두 개라고 생각했는데, 바로 새의 모습을 한 '바'와 눈에 보이지 않지만 자신과 똑같은 모습을 한 '카'였습니다. 사람이 죽으면 카가 죽음의 세계를 여행하고, 바는 낮에 세상을 돌다가 밤이 되면 자신의 미라로 되돌아온다고 생각했지요. 그래서 이집트 사람들은 파라오의 카가 머물 미라를 만들고, 피라미드 안에도 파라오가 사후 세계에서 사용할 수 있는 보물들을 넣었답니다.

이집트의 파라오들은 절대적인 권력을 행사했고, 자신의 사후 세계를 대비하기 위해 거대한 무덤을 수십 년에 걸쳐 만들었습니다. 고대의 7대 불가사의로 손꼽히는 '쿠푸의 피라미드'는 높이 146.6m의 거대한 건축물로 아직까지도 건축 방법을 정확히 알 수 없을 정도로 신비롭지요. 4,500여 년 전에 2.6톤짜리 돌 250만 개를 201층으로 쌓아

이집트인들이 인간의 영혼 중 하나로 여겼던 '바'를 표현한 그림.
ⓒ Jeff Dahl

죽은 뒤에도 떵떵거린 절대 권력자, 파라오

이집트 제4왕조의 파라오인 쿠푸의 무덤. 피라미드 중 가장 크다. ©Berthold Werner

만들었고, 축구장 8개 넓이에 50층 건물과 비슷한 높이라고 하니 정말 대단하지요? 10만 명이 20년 동안 쉬지 않고 일을 해야 완성할 수 있는 큰 공사였습니다. 피라미드 건설이 농사를 지을 수 없는 시기에 일자리를 제공하기 위해서 국가가 주도한 사업이었다고 주장하는 역사학자도 있답니다. 그만큼 엄청난 노동력을 동원해서 만들어진 피라미드는 파라오의 절대적인 권력을 나타내는 증거로 남았지요.

탈탈 털린
왕의 무덤들

피라미드 안에는 왕의 미라 외에도 당시 최고 보물들이 함께 묻혀 있어 도굴꾼이 들끓었습니다. 그래서 피라미드 내부를 미로처럼 만들고, 깊은 함정을 파거나 화살이 날아오는 장치를 설치하기도 했지요. 하지만 도굴을 막을 수는 없었어요. 한때는 이집트를 방문한 외국인 관광객들이 기념품으로 미라를 가져간다는 말이 있을 정도였지요. 테베에서 발견된 '불행의 미라'는 그것을 운반하는 사람에게 저주가 내린다는 소문에 휩싸이기도 했어요. 이집트 남부 도시 룩소르에 있는 왕들의 계곡에서 수많은 파라오 무덤이 발견되었을 때도, 역시나 대부분 도굴된 상태였지요.

이집트 제18왕조의 파라오인 투탕카멘의 장례용 가면. 이집트 국립박물관에 소장되어 있다.
© Carsten Frenzl from Obernburg, Derutschland

반면 1922년 하워드 카터가 발견한 '투탕카멘의 무덤'은 거의 온전한 채로 발굴되어 그 가치가 매우 컸습니다. 투탕카멘은 9세의 어린 나이에 왕위에 올라 18세에 사망한 것으로 보이는데, 황금 마스크를 비롯해 그의 권위를 보여 주는 어마어마한 보물들이 나왔습니다.

다른 위대한 파라오들의 무덤에도 하나같이 굉장한 유물들이 있었겠지요? 특별히 남자들만 파라오가 되는 것은 아니었답니다. 하트셉수트나 클레오파트라 같은 여성 파라오도 있었지요.

02
정치·국제

민주주의,
놓치지 않을 거야!

우리나라 헌법 제1조는 "모든 권력은 국민으로부터 나온다."라고 명시하고 있습니다. 그리고 국가 권력이 한곳에 집중되지 않도록 삼권분립을 보장하고 있지요. 삼권분립이란, 국가 권력을 입법부·사법부·행정부 셋으로 나누어 균형을 이루게 하는 제도를 말합니다. 국민의 정치 참여를 실현하기 위해 지방자치제를 실시하기도 하지요.

선거는 '민주주의의 꽃'이라고 불립니다. 민주주의 국가에서는 국민이 투표를 통해 자신의 정치적 의사를 표현하기 때문이에요. 그래서 우리의 한 표는 종이 한 장의 무게를 넘어 아주 무겁고 큰 가치를 갖는답니다. 그럼 이러한 민주주의는 어디에서 시작되었을까요? 바로 고대 그리스의 도시국가 아테네입니다.

아테네의
'광화문 광장' 아고라

아테네는 원래 왕이 다스리는 국가였어요. 그러나 전쟁이 잦아지고 귀족이 기마 부대로 활약하면서 '귀족 정치'가 이루어졌지요. 이후 전쟁이 더 잦아지자 갑옷과 투구, 창을 들고 보병으로 활약한 부유층 시민의 세력이 커졌어요. 귀족과 부유층이 대립하는 사이에 '참주 정치'라는 독재 정치가 시작되었습니다. 그러다가 기원전 5세기, 페르시아와의 전쟁에서 아테네 해군이 큰 승리를 거두면서 또 다른 변화가 찾아왔어요. 승리에 결정적으로 기여한 사람들이 바로 배 밑바닥에서 노를 젓던 평범한 시민이었거든요. 시민을 정치에 참여시키고 독재를 방지하기 위한 민주적인 정치 개혁이 이루어진 거예요.

아테네의 정치인 클레이스테네스°는 전국을 10개 데모스(demos)로 나누고, 추첨을 통해 500명의 공무원을 뽑게 했습니다. 물론 모든 마을에서 같은 수의 대표가 뽑혔지요. 남자들은 18세가 되면 추첨을 하거나 순서를 정해 번갈아 가며 공무원으로 일하게 되었어요. '아르콘'이라는 최고 지도자도 분야별로 뽑았지요. 중요한 일을 결정할 때는 아크로폴리스 언덕 아래에 있는 아고라에서 민회(民會)를 열어 함께 결정했고요. 1년에 40여

클레이스테네스 ○●●
고대 그리스의 여러 폴리스에서 합법적이지 않은 수단으로 지배자에 오르던 '참주' 정치를 끝내고, 이른바 '클레이스테네스의 개혁'이라 불리는 정치 개혁을 추진했다. 민주 정치의 바탕을 마련했다고 평가받는다.

아테네 아고라 광장 터.

차례 민회가 열렸다고 해요. 9일에 한 번꼴이었지요. 그래서 아고라는 늘 토론하는 사람이나 장사하는 사람, 재판을 구경하는 사람, 민회에 참가한 사람 등으로 북적였어요. 아고라는 살아 숨 쉬는 아테네의 심장과 같은 곳이었답니다.

정치인을 '묻지 마' 투표로 쫓아내 버린 도편 추방제

그런데 클레이스테네스에게 한 가지 걱정이 있었어요. 혹시 독재를 할 가능성이 있는 사람이 공무원으로 뽑힌다면, 어떤 일이 벌어질지 모른다는 것이었지요. 그래서 아고라에 모인 시민은 독재 가능성이 있는 사람 이름을 아무도 모르게 도자기 조각에 적는 선거를 했어요. 6,000표가 넘게 나온 사람은 별수 없이 아테네에서 10년간 추

완벽해!

클레이스테네스

민 주 주 의

방당해야만 했지요. 이를 '도편 추방제'라고 부릅니다. 독재자가 될지도 모르는 사람을 뽑아 추방함으로써 아예 독재의 싹을 잘라 버린 거예요.

클레이스테네스는 자신의 개혁으로 시민 모두에게 동등한 권리가 주어졌다고 믿었어요. 단, 여자와 외국인, 노예를 제외하고 말이에요. 아테네의 황금기를 이끌었던 페리클레스는 유명한 연설에서 "몇 사람이 통치하는 것이 아니라 모두 골고루 나누어 맡은 우리의 정치를 '민주 정치(democratia)'라고 부른다."라며 자랑스러워했어요. 모든 사람(demos)에 의한 지배(kratos)라는 뜻이지요. 오늘날 민주주의를 뜻하는 영어 단어 '데모크라시(democracy)'도 여기에서 유래했습니다.

도편추방제에 쓰인 도자기 파편. 페리클레스, 키몬, 아리스티데스의 이름이 써 있다. ⓒQwqchris

제한된 직접 민주 정치를 시행한 아테네와 달리 현대 국가들은 인구가 많고 영토가 넓어서 직접 민주 정치를 시행하기 어려워요. 그래서 선거를 통해 대표를 선출하는 대의제 민주 정치를 시행하고 있지요. 그리고 대부분 나라에서 성별, 인종, 종교, 교육, 신분, 재산 등에 관계없이 일정 연령 이상의 사람 누구에게나 선거권을 주는 보통 선거를 시행해요. 우리나라는 만 19세 이상이면 누구에게나 투표권을 인정하고 있지요.

03

정치·국제

"내가 대표로 죽겠소!" 어느 부자의 외침

바다를 사이에 둔 영국과 프랑스가 최근 몇 년 사이, 난민 문제로 떠들썩합니다. 세계 각국에서 더 나은 삶을 찾아 영국행을 택한 난민들이 브리티시드림(British Dream)의 꿈을 안고 프랑스 항구 도시 칼레로 모여들었지요.

칼레는 영국의 포크스톤까지 해저로 연결된 채널 터널(Channel Tunnel)이 시작되는 곳이고, 도버까지 가는 페리호가 운항을 시작하는 곳이기도 합니다. 이곳에서 영국에 밀입국하려는 난민들이 목숨을 걸고 터널로 진입하거나 화물차에 몸을 숨기고 밀항을 했어요.

> **채널 터널** ○●●
> 초특급열차 유로스타를 타면, 채널 터널을 통해 영국 런던에서 프랑스 파리까지 최단 2시간 15분 만에 갈 수 있다.

칼레가 난민촌이 되면서 영국과 프랑스는 채널 터널 관리를 두고 날 선 공방을 계속했지요. 영국과 프랑스 사이에 있는 영불해협은 직선거리 약 34km로 거리가 좁기 때문에 숙명처럼 많은 전쟁에 휘말려야만 했어요.

영국 왕이
프랑스의 귀족이라고?

중세 유럽의 판도를 뒤바꾼 백년전쟁도 영국과 프랑스 사이에 벌어진 전쟁입니다. 봉건 제도가 한창이던 중세 유럽에서 왕은 충성을 맹세한 봉신(귀족)에게 봉토(땅)를 주어 다스렸지요. 여러 왕에게 충성을 맹세하면 여러 지역 땅을 봉토로 받을 수도 있었고요. 당연히 왕권은 약했고, 오늘날과 같은 국가나 국민의 개념은 눈 씻고 찾아보기 어려웠어요.

1066년 프랑스 노르망디 지역을 다스리던 귀족이 바다 건너 잉글랜드(오늘날 영국)를 점령하고는 영국 왕이 되는 역사적인 일이 발생했어요. 노르만 정복이라고 부르는 이 사건으로 윌리엄 1세는 영국 왕이면서 동시에 프랑스 귀족이라는 이중 신분을 갖게 되었지요. 이것은 영국과 프랑스 간 갈등의 씨앗이 되었어요.

세월이 흐르면서 프랑스 내에 있는 영국 왕의 땅이 늘어나기 시작했어요. 하지만 프랑스에서는 자신이 귀족의 위치에 있으니 권력에 대한 아쉬움이 컸어요. 반대로 프랑스 왕은 영국 왕을 프랑스에서 몰아내는 것이 숙원 사업이 되었고요.

결국 이 갈등은 프랑스 왕 샤를 4세가 후계자를 남기지 못하고 사망하면서 전쟁으로 폭발했어요. 프랑스의 왕위가 4촌 형제였던 필리프 6세에게 넘어가자, 영국 왕 에드워드 3세가 "내 어머니는 샤를 4세의 누이였다. 당연히 가장 가까운 왕위 계승 후보자는 조카인 나다."라며 반박하고 나선 거예요. 게다가 영국과 손잡고 모직물 공업으로 호황을 누리던 플랑드르 지역 상인들이 앞장서서 영국을 지원했지요. 프랑스 땅이지만 영국을 응원할 만큼 당시에는 국가나 영토 개념이 부족했던 거예요.

1337년에 시작된 전쟁은 자그마치 116년간 지속되다가 1453년에야 끝났지요. 사람들은 긴 전쟁이라는 의미로 백년전쟁이라 부릅니다. 겉보기에는 프랑스 왕위 계승 문제 때문에 일어난 전쟁처럼 보이지만, 실은 플랑드르를 비롯한 땅을 차지하려는 전쟁이었지요.

백년전쟁의 모습을 담은 그림. 각각 라로셸, 아쟁크루, 파타이의 전투와 오를레앙 포위전을 표현했다(왼쪽 위부터 시계 방향).
©Blaue Max

지도층의 도덕적 의무 '노블레스 오블리주'

전쟁은 처음에는 영국에 일방적으로 유리했어요. 영국군은 갑옷을 뚫을 만큼 놀라운 위력을 지닌 석궁으로 무장했지요. 영불해협 건너 가장 가까운 거리에 있는 칼레를 포위하고 공격했어요. 칼레의 시민은 1년 동안 결사적으로 버텼지만, 결국 1347년 항복하고 말았어요. 이때 에드워드 3세는 시민을 살려 주는 대신 그동안의 저항에 대한 보복으로 6명의 대표를 처형하겠다고 했어요. 누가 감히 죽음 앞에 선뜻 나설 수 있을까요? 그런데 "내가 시민의 대표로 죽음을 택하겠소!"라며 용기 있게 외친 사람이 있었어요. 칼레에서 가장 큰 부자였던 생 피에르였지요. 그 뒤를 따라 시장, 상인, 법률가, 귀족 등이 나섰다고 해요. 놀라운 희생정신이지요.

다행히 임신한 에드워드 3세 왕비의 간청으로 사형은 이루어지지 않았어요. 하지만 로댕의 조각으로 다시 살아난 이들의 이야기는 칼레 시청 앞 광장에서 이기적인 세상을 향해 경종을 울리고 있지요. 이렇게 사회적으로 고귀한 위치에 있는 지도층의 도덕적 의무를 '노블레스 오블리주'라고 합니다.

전쟁을 겪으며 강해진
국민 의식과 왕권

칼레가 함락되고 나서도 영국의 승리가 이어졌어요. 1356년에는 프랑스 왕이었던 장 2세가 포로로 잡혀 치욕을 당했지요. 결국 1360년 브레티니-칼레 조약이 맺어지면서 휴전 상태에 돌입하게 됩니다. 영국은 프랑스 왕위 계승을 포기하는 대신에 이때부터 칼레를 새로운 영토로 얻었지요.

그 이후 전쟁은 전염병인 페스트, 농민 반란 등을 겪으면서 휴전했다가 다시 싸우기를 반복해요. 이 전쟁이 만약 영국의 승리로 끝났다면, 영국과 프랑스는 하나의 나라로 통합되었을지도 모르겠네요. 그러나 전쟁 말미에 신의 부르심을 받고 홀연히 나타난 잔 다르크의 활약 덕분에 프랑스는 승리할 수 있었어요.

프랑스군은 영국군을 몰아내고 프랑스 영토를 회복했어요. 다른 나라와 '영토'의 경계가 확실해지고 '국가'의 개념도 생겨나기 시작했지요. 단 한 곳, 칼레만이 예외였습니다. 이후에도 칼레는 영국의 영토로 남아 200년 동안 지배를 받았답니다. 영국은 대륙에 대한 욕심을 버리고 섬나라로서의 인식을 강화했지요. 뜻밖에도 서로 다투고 미워하다가 자신이 '영국인' 혹은

"내가 대표로 죽겠소!" 어느 부자의 외침

'프랑스인'이라는 것을 인식하는 국민 의식이 생겨났습니다. 전쟁 중 많은 귀족이 사망하면서 왕권이 강해져 근대 중앙 집권 국가로 성장하는 계기가 되었어요. 전쟁 중 세금을 걷는 권리를 얻은 왕은 관료제와 상비군을 유지하며 강력한 권력의 기틀을 만들어 나갑니다.

이렇듯 백년전쟁은 오늘날 영국과 프랑스의 영토와 국민을 만들어 준 전쟁이 되었지요.

나라를 구하고도 사형당한 비운의 여성, 잔 다르크

잔 다르크는 프랑스 북동부에서 농부의 딸로 태어났어요. 프랑스를 구하라는 하느님의 계시를 받아 백년전쟁에 참전했다고 해요. 기적처럼 프랑스군을 승리로 이끌었는데도 그녀의 최후는 끔찍했어요. 포로로 사로잡혀 영국에서 재판을 받게 되었고, 억울하게 화형을 당했거든요. 당시 잔 다르크는 불과 열아홉 살이었어요. 25년 후에 종교재판소의 재심사로 누명을 벗긴 했지만, 그렇다고 해도 너무나 억울한 일이 아닐 수 없지요. 잔 다르크는 흔히 '성녀', '여전사'로 떠받들어지지만, 그 뒤에는 숨겨진 정치적 모략과 희생이 있었던 거예요.

샌드위치 가게에서 튀어나온 '검은 손', 전쟁을 부르다

최근 몇 년 사이 유럽에서는 이슬람 극단주의 무장 단체 '이슬람국가(IS)'를 추종하는 세력의 연이은 테러가 벌어졌어요. 2016년 7월, 프랑스 휴양지 니스에서는 테러범이 트럭을 몰고 해변가에 있던 관광객과 시민을 덮쳐 84명이 사망하는 끔찍한 일이 있었어요. 2015년 11월에는 파리에서 대규모 테러로 130여 명이 사망하기도 했고요. 프랑스 외에도 벨기에나 터키 등 유럽 여러 나라에서 사람이 죽거나 다치는 테러가 이어지고 있어요.

폭력적인 방식으로 사람들을 해치고 공포감을 불러일으키는 테러는 결코 용납되어서는 안 돼요. 역사를 돌이켜 보면 테러는 심지어 국가 간 전쟁을 낳기도 합니다. 약 4000만 명의 인명 피해를 남겨 인류 역사의 비극으로 꼽히는 제1차 세계 대전도 보스니아 헤르체고비나의 수도 사라예보에서 벌어진 테러로 시작되었어요.

'화약 창고' 발칸반도에서
피어오른 불씨

19세기 말 독일의 재상 비스마르크는 당시 유럽과 발칸반도의 상황에 대해 이렇게 말했어요. "오늘날 유럽은 지도자들이 화약 창고 안에서 담배를 피우는 것과 같다. 단 하나의 불씨가 우리 모두를 태워 버릴 만한 폭발을 일으킬 것이다. 폭발은 발칸반도에서 어처구니없는 일이 벌어지면서 시작될 것이다."

당시 발칸반도에서는 러시아와 오스트리아-헝가리 제국 간 갈등이 벌어지고 있었어요. 세르비아와 보스니아 헤르체고비나 등 발칸반도 국가들은 이런 강대국들의 갈등 속에서 독립을 위해 목소리를 높이고 있었고요. 강대국과 발칸반도 국가들의 갈등이 뒤섞인 상황을 비스마르크는 아주 위험하다고 본 것이지요.

1815년 발칸반도의 지도.

발칸반도를 둘러싼 강대국들의 갈등은 점점 커져 갔지만, 진정한 평화와 번영을 모색하는 움직임은 찾아보기 어려웠어요. 제국주의에 빠진 강대국들은 그저 발칸반도에서 자신들의 영향력을 넓히는 데에만 골몰했기 때문이지요. 러시아와 대립하던 오스트리아는 1908년 보스니아 헤르체고비나를 병합해요. 보스니아 내 세르비아계 주민들은 게르만족의 나라인 오스트리아가 슬라브족이 사는 자신들의 나라를 빼앗은 데 깊은 분노를 느꼈어요. 이 중 과격한 젊은이들은 '젊은 보스니아', '검은 손'과 같은 비밀 단체를 만들어 오스트리아에 맞서기로 했어요.

황태자 부부에게 뻗친 '검은 손'

1914년 6월 28일 오스트리아-헝가리 제국의 황태자 프란츠 페르디난트와 아내 조피가 보스니아 헤르체고비나의 중심지인 사라예보를 방문했어요. 황태자 부부라지만 이들은 역경과 고통을 많이 겪었답니다. 페르디난트는 원래 황태자가 아니었어요. 오스트리아 황제 프란츠 요제프 1세의 조카였지요. 그런데 요제프 1세의 유일한 아들 루돌프 황태자가 사랑하던 연인과 함께 자살하면서 페르디난트가 황태자 자리를 물려받게 되었어요. 페르디난트는 당시 시녀 출신인 조피와 사랑에 빠져 있었는데, 페르디난트가 황태자가 되면서 둘의 사랑에도 문제가 생

1914년 비밀 단체 '검은 손'의 단원 프린체프가 페르디난트 황태자 부부를 살해한 사라예보 사건 당시의 광경.

겼어요. 오스트리아 황실에는 황태자가 시녀와 결혼할 수 없다는 금기가 있었기 때문이에요. 결혼을 반대하는 압박과 멸시 속에서 두 사람은 '조피가 낳은 자녀가 황위를 계승하지 않는다'는 약속을 하고서야 간신히 결혼할 수 있었어요.

불행히도 사라예보에는 오

스트리아에 대한 분노로 가득 찬 '검은 손' 단원들이 황태자 부부를 기다리고 있었어요. 샌드위치 가게에 숨어 있던 검은 손 단원 가브릴로 프린체프가 뛰어나와, 자동차를 타고 거리 퍼레이드를 하는 황태자 부부를 향해 총을 쐈어요. 프린체프가 쏜 두 발의 총알은 페르디난트 황태자의 목과 아내 조피의 배에 맞았고, 축복받지 못했던 부부는 그렇게 목숨을 잃었어요. 당시 19세의 나이로 황태자 부부를 살해한 프린체프는 경찰에 체포된 뒤 징역 20년 형을 받고 감옥에 갇혔고, 4년 뒤 폐결핵에 걸려 감옥에서 목숨을 잃었어요.

기다렸다는 듯 전쟁에 뛰어든 강대국들

사라예보 사건은 비스마르크의 예언대로 발칸반도에 묻혀 있던 강대국 간 갈등에 불을 질렀어요. 먼저 오스트리아가 세르비아 정부가 '검은 손'의 테러를 지원했다고 주장하며 세르비아를 상대로 전쟁을 선언했어요. 그러자 세르비아와 가까운 러시아가 세르비아를 돕겠다고 나섰고요. 이것을 본 오스트리아의 동맹국 독일은 러시아와 러시아의 동맹국 프랑스에 전쟁을 선언합니다.

영토를 넓히기 위해 여러 동맹 관계로 얽혀 있던 유럽 강대국들은 이런 식으로 순식간에 전쟁 속으로 휘말렸어요. 제1차 세계 대전의 막이 오른 것이지요. 전쟁은 크게 오스트리아-독일-이탈리아의 삼국 동맹과 영국-프랑스-러시아로 이루어진 삼국 협상 간 대결로 이루어졌어요. 이 나라들의 식민지와 동맹국 간에도 전쟁이 벌어지면서 전 세계는 전쟁터로 변했어요. 산업 혁명 이후 만들어진 독가스, 탱크, 폭격기, 기관총 등 대량 살상 무기들이 모두 투입되었고요. 1918년 독일이 항복하면서 4년 만에 끝난 제1차 세계 대전에서 군인만 900만 명, 민간인은 1100만 명이 사망한 것으로 추정돼요. 황태자 부부를 암살했던 프린체프도 자신의 테러가 이런 결과를 낳을 것이라고는 예상하지 못했을 거예요.

제1차 세계 대전이 일어난 책임을 모두 프린체프에게 물을 수는 없어요. 더 근본적으로는 강대국들이 평화와 번영이 아닌 이익과 영향력만을 좇아 서로 충돌했기 때문이에요. 최근 유럽에서 벌어지는 IS°의 테러도 중동의 불안한 정세와 쏟아지는 난민이 근본적인 원인이에요. 무고한 사람이 희생되는 테러를 막기 위해선 사라예보 사건과 제1차 세계 대전을 교훈으로 삼아 근본적인 해법을 찾아야 합니다.

> **IS(이슬람국가)** ○◉●
> 이슬람의 교리를 극단적으로 섬기는 무장 단체로, 이라크와 시리아 일부 지역을 점령하고 있다. 스스로를 '국가'라고 칭하지만, 수많은 민간인을 살해하고 대규모 테러를 일으키기 때문에 유엔에서는 국가로 인정하지 않는다.

샌드위치 가게에서 튀어나온 '검은 손', 전쟁을 부르다

05
정치·국제

아군과 적군을
가리지 않고 돌본
전쟁터의 천사

세계 지도를 유심히 살펴보면 흑해 북쪽에 '크림(Krym)반도'라는 달콤한 이름을 가진 지역이 있어요. 북쪽으로는 우크라이나에 연결되고, 동쪽으로는 케르치 해협을 사이에 두고 러시아와 마주 보고 있지요.

크림반도는 구소련 시절에 우크라이나에 편입되었으나, 1991년 자치공화국이 되었어요. 주민 대부분은 러시아인입니다. 국제사회에서는 크림반도의 러시아 귀속 문제로 격렬한 논쟁이 벌어졌어요. 2014년 주민 투표를 거쳐 결국 2015년 1월 1일에 합병이 이루어졌지요. 하지만 우크라이나를 비롯한 대다수 국가들은 크림반도를 러시아의 영토로 인정하지 않고 있답니다.

그런데 크림반도를 둘러싼 러시아와 국제사회의 갈등은 역사적으로 이미 여러 차례 반복되어 왔어요. 이번에는 19세기에 일어난 '크림전쟁' 이야기를 들려줄게요.

오스만 제국을
호시탐탐 노린 강대국들

16세기 이래 아시아와 유럽, 아프리카에 걸쳐 대제국을 수립한 오스만 제국(오늘날 터키)은 19세기에 들어서며 그 세력이 점차 약해졌어요. 외부에서는 영국, 프랑스, 러시아 등 강대국이 호시탐탐 오스만 제국의 영토를 차지하려는 야욕을 내비치고 있었지요. 특히 러시아는 얼지 않는 항구를 찾아 남쪽으로 내려가려고 혈안이 되어 있었답니다. 내부에서는 오스만 제국의 지배를 받던 많은 민족이 독립을 요구하며 끊임없이 반란을 일으켰고요. 진퇴양난의 상황에서 오스만 제국은 서양식 군대를 만들고 탄지마트˚라는 개혁을 시도했지만 큰 성공을 거두지 못했어요.

마침 프랑스의 나폴레옹 3세가 가톨릭교도들의

> **탄지마트 ○●●**
>
> 유럽의 합리주의적 사상을 본떠서 행정, 토지, 징병, 교육, 사법 등 여러 제도를 근대화하고자 했다. 그러나 이 개혁은 제국 전역으로 퍼지지 못했고, 발칸반도의 기독교 자치구들이 저마다 자치권을 요구했으며, 보수주의자들의 방해도 있어서 성공하지 못했다.

크림반도 수닥(sudak) 지역의 풍경 ©Suhrida

인기를 얻고자 예루살렘 성지(聖地)에서 가톨릭교도에게 특권을 달라고 오스만 제국에 요구하면서 문제의 씨앗이 뿌려졌습니다. 남쪽으로 내려갈 기회만 엿보던 러시아의 니콜라이 1세는 이것이 오스만 제국 내에 거주하는 그리스 정교도에 대한 위협이라고 생각했어요. 그래서 이 땅의 그리스 정교도를 돕는다는 명분으로 오스만 제국에 선전포고를 했지요. 그러자 영국, 프랑스, 프로이센, 사르데냐가 오스만 제국의 편을 들어 러시아와 맞서면서 전쟁이 시작되었습니다. 흑해와 크림반도를 둘러싸고 1853년부터 1856년까지 3년간 벌어진 이 전쟁을 '크림전쟁'이라고 불러요. 전쟁 당시 러시아는 크림반도의 세바스토폴항에서 끝까지 버텼지만, 결국 패배하고 말았지요.

"인간의 생명에 해로운 일은 어떤 상황에서도 하지 않겠습니다"

동유럽 일대를 크게 뒤흔든 크림전쟁은 이후 러시아에 근대화 개혁의 바람을 불러일으켰어요. 오스만 제국은 전쟁에서 승리했으나, 이후 제국 영토가 점점 작아져 '유럽의 병자(病者)'라는 별명을 갖게 되었고요.

크림전쟁은 무엇보다도 간호위생학 발전에 큰 계기가 되었답니다. 당시 전쟁으로 많은 사상자가 발생했고, 콜레라까지 유행하여 병사들은 속수무책으로 죽어 갔어요. 다친 병사들은 크림반도에서 흑해를 건너는 배에 실려 이스탄불로 옮겨졌지만, 의사도 간호사도 충분하지 않았지요. 게다가 당시에는 간호사를 매우 천한 직업으로 여겼기에 누구도 선뜻 간호사로 나서지 않았습니다.

　이때 용기 있게 등장한 사람이 바로 우리가 잘 아
는 '백의의 천사' 플로렌스 나이팅게일이에요. 영국
의 부유한 가정에서 자라 전문적인 간호 교육을
받은 나이팅게일은 넘치는 교양과 통찰력을 지
니고 있었어요.

　그녀는 38명의 간호대를 조직하여 이스탄
불에 있는 위스퀴다르 병원으로 갔지요. 당
시 군 병원은 이름만 병원이었지, 응급 치료를
마친 환자들이 군복을 그대로 입은 채 제대로

'백의의 천사'로 불린 나이팅게일.

씻지도 먹지도 못했어요. 나이팅게일은 무엇보다도 환자들의 위생 상태를
개선하기 위해서 깨끗한 환자복을 입히고, 침대 시트를 청결하게 관리하며
합리적인 병원 체계를 갖춰 나갔습니다. 병원 운영에 잘못된 관습이 있다면
과감히 바꾸기도 했어요. 아군과 적군을 가리지 않고 치료하며 환자들에게
살고자 하는 의지를 심어 주기도 했지요. 밤에는 등불을 들고 병사 한 명 한
명의 상태를 돌보고 다녀 '등불을 든 천사'라는 별명도 얻었어요.

　그녀의 활약상이 전해지자 뜻있는 사람들이 성금을 모아 훗날 전쟁이 끝
난 후 런던에 간호학교를 세웠다고 해요. 또한 나이팅게일이 꾸준히 써 내
려간 '병원에 관한 노트'와 '간호 노트' 등은 각 나라로 전해져 간호법이나
간호사 양성을 위한 기초 교재가 되었습니다. 나이팅게일을 통해 많은 여
성이 간호 전문 인력으로 일할 수 있게 되었고요. 여성의 사회 참여와 함께
사회적 지위가 올라가는 큰 변화까지 가져왔답니다.

　지금도 간호사가 되려는 사람들은 "나는 일생을 의롭게 살며 전문 간호

직에 최선을 다할 것을 하느님과 여러분 앞에 선서합니다. 나는 인간의 생명에 해로운 일은 어떤 상황에서도 하지 않겠습니다……"라는 내용의 나이팅게일 선서를 해요. 국제 적십자를 만든 앙리 뒤낭은 "내가 적십자를 만들기 위해 나선 것은 크림전쟁에서 보여 준 나이팅게일의 희생과 봉사 정신때문이었다. 적십자를 만든 건 내가 아니라 나이팅게일이다."라고 말했다고 해요.

나이팅게일의 삶은 피비린내 나는 전쟁 속에서도 한 사람의 숭고한 정신이 세상을 얼마나 아름답게 변화시키는지 잘 보여 줍니다.

〈나이팅게일 선서문〉

나는 일생을 의롭게 살며, 전문간호직에 최선을 다할 것을

하느님과 여러분 앞에 선서합니다.

나는 인간의 생명에 해로운 일은 어떤 상황에서도 하지 않겠습니다.

나는 간호의 수준을 높이기 위하여 전력을 다하겠으며,

간호하면서 알게 된 개인이나 가족의 사정은 비밀로 하겠습니다.

나는 성심으로 보건 의료인과 협조하겠으며,

나의 간호를 받는 사람들의 안녕을 위하여 헌신하겠습니다.

06
정치·국제

일본의
'이웃 나라 괴롭히기'는
언제 시작됐을까?

2014년 7월 일본의 아베 정부는 "가까운 관계에 있는 국가가 공격받으면 일본도 개입할 권리가 있다."라는 결정을 내려 세계를 깜짝 놀라게 했어요. '일본이 직접 공격받았을 경우를 제외하고는 전쟁을 금지한다'는 일본 평화 헌법의 해석을 변경해서 '전쟁할 수 있는 나라'가 된다는 의미이지요. 특히 일본은 중국과 센카쿠(중국명 댜오위다오)를 놓고, 또 우리나라와 독도를 놓고 갈등하고 있는 상황이었기 때문에 더 큰 관심을 모았어요.

이에 발맞춰 중국은 과거 청일전쟁의 치욕을 잊지 않고 마음 깊이 새기겠다며, 일본에 의해 침몰당한 배를 복원해 역사 교육 현장으로 활용하겠다는 계획을 발표했어요.

청일전쟁을 둘러싸고 청나라와 일본, 우리나라에서는 어떤 일이 있었던 것일까요?

청나라가 넋 놓고 당한 풍도해전

지금으로부터 120여 년 전, 1894년 7월 25일 이른 아침 풍도(오늘날 안산 대부도 부근) 앞바다. 평화롭기만 한 아침 바다에 떠 있던 중국 함대를 향해 일본군이 포탄을 쏘아 대기 시작했어요. 갑작스러운 공격에 청나라 군사들은 당황했지만, 최선을 다해 저항했지요. 그런데 참 이상한 일이 벌어졌어요. 일본의 공격을 받은 청 함대는 큰 손실을 입은 반면, 청의 공격을 받은 일본 함대는 멀쩡한 거예요. 이게 도대체 무슨 일일까요? 청군 1,000여 명은 그 자리에서 바닷속으로 잠기고 말았어요. 풍도해전이라고 부르는 이 사건이 바로 청일전쟁의 시작이었답니다.

일본은 1871년 청과 서로 싸우지 않겠다는 조약을 맺었지만, 사사건건 부딪치고 있었어요. 아편전쟁에서 진 이후에 청은 리홍장이 주도하는 개혁 운동을 벌이고 있었고, 일본에서는 메이지 유신*이라는 근대화 운동을 하고 있었지요. 두 나라의 개혁 방향은 독일 정치가 비스마르크의 말을 통해 잘 알 수 있어요. "청은 독일에서 최신식 전함을 사 가는 것이 목표였으며, 일본은 독일의 제도와 시스템을 배워 가는 것이 목표였다." 당시 청은 서양 무기만 있으면 강한 나라가 될 수 있다고 생각했지요.

> **메이지 유신 ○●●**
> 천황은 상징적인 존재가 되고 쇼군이 실질적인 통치권을 갖던 '막부(막번)' 체제를 해체하고, 왕이 다스리는 정치 체제로 돌아가 권력을 중앙으로 통일하려 한 개혁.

하지만 최신 무기만 있다고 강해지는 것은 아니었어요. 청의 관리들은 자기 주머니를 챙기기에 급급했고, 서태후의 별장인 이화원 건축과 생일 파티 준비에 군사 비용을 퍼다 쓰는 형편이었지요. 청의 이러한 사정을 알고 있는 일본은 서양식으로 제도까지 개혁한 후 전쟁 기회를 노리고 있었어요.

1894년 조선에서 동학농민운동이 일어나자 조선 정부는 청에 도움을 요청했어요. 6월에 청의 군대가 도착했는데 생각지도 않았던 일본군도 함께 도착했답니다. 이전에 갑신정변 후 맺은 톈진 조약 중 '청과 일본은 조선에 군대를 파병할 때에는 서로 알린다'는 조항을 내세우며 들어온 거지요. 두 나라 군대가 들어온 후 동학농민군은 전주성에서 정부군과 협의하고 고향 땅으로 돌아갔어요. 동학농민군 문제는 사실상 해결된 셈이었지요. 조선 정부에서는 청·일 두 나라 군대에 돌아가라고 요청했지만, 어쩐 일인지 청나라 군대도 일본 군대도 꼼짝을 하지 않았어요. 조선을 사이에 두고 밀고 당기는 기 싸움을 벌이는 중이었지요. 먼저 발 빠르게 움직인 것은 일본이었어요. 군사를 동원해 경복궁과 4대문을 점령하고 조선에 청과 관계를 끊으라고 강요했어요. 그리고 며칠 후 풍도 앞바다에서 청을 공격해 전쟁을 시작한 거지요.

자, 이제 풍도해전에서 일본은 거의 피해가 없었는데 청은 크게 패한 이유를 살펴봅시다. 당시 청의 군대가 쓰던 포탄은 무늬만 포탄이지 사실은 진흙으로 구워 만든 흙덩이였어요. 포탄 대부분이 흙덩이에 검은 칠을 한 것이었지요. 착실히 전쟁을 준비해 온 일본 앞에서 청은 처참하게 무너지고 말았어요.

일본, 아시아 최초 제국주의 국가로

청은 성환전투와 평양전투 등 이어진 싸움에서도 크게 패했어요. 청나라 근대화의 상징이었던 주력 함대의 대표적인 배는 1894년 황해해전에서 일본군에 의해 침몰당했지요. 일본의 기세

는 점점 커졌고, 중국은 본토까지 침략당할 위기에 놓이자 결국 패배를 인정했어요.

1895년 4월 17일, 일본의 시모노세키 바다가 내려다보이는 요릿집에서 청의 리훙장과 일본의 이토 히로부미가 마주 앉아 시모노세키 조약을 맺었답니다. 이에 따라 청은 조선에 대한 모든 권리를 포기했어요. 그리고 국가 예산의 두 배가 넘는 큰돈을 배상금으로 일본에 지불했지요. 일본은 이 돈으로 철을 만들고 무기를 만드는 공장을 세워 산업 혁명에 더욱 속도를 붙일 수 있었답니다.

그뿐만 아니라 랴오둥반도, 타이완, 펑후섬 등도 일본이 차지하게 됐어요. 그즈음 일본은 은근슬쩍 센카쿠 열도를 일본의 영토로 삼았답니다. 랴오둥반도는 러시아의 간섭 때문에 중국에 되돌려 주기는 했지만, 청일전쟁 이후 아시아의 주도권은 중국에서 일본으로 넘어갔어요. 그리고 일본이 아시아

일본과 청이 시모노세키 조약을 맺는 장면.

최초로 제국주의 국가가 되는 데 발판이 되었지요. 반면 조선은 청과 일본 사이에서 하소연할 곳도 없이 고스란히 피해를 보았고, 수차례 개혁마저 실패해 일본의 식민지가 되고 말았지요.

청일전쟁 후 120년, 중국도 일본도 우리나라도 과거 모습과는 달라졌어요. 하지만 역사를 기억하지 않으면 실패가 되풀이될 수도 있어요. 전쟁기념관 같은 곳들을 방문해서 과거를 통해 동아시아 각국의 미래를 그려 보는 의미 있는 시간을 가져 보면 어떨까요.

아프리카에서 '땅따먹기'를 한 유럽 강대국들

2016년 7월 13일, 독일 언론들은 "독일 정부가 1900년대 초 아프리카 나미비아에서 저지른 집단 학살에 대해 나미비아 정부에 공식 사죄를 준비하고 있다."라고 보도했어요. 1904~1907년 헤레로 전쟁 때 독일 제국이 독일령 남서아프리카(오늘날 나미비아)에서 헤레로인과 나마인을 집단적으로 박해한 사건을 말하는데요. 20세기 최초의 대학살이라고도 부르는 나미비아 학살에 대해 독일 정부가 뒤늦게 잘못을 인정한 것이지요.

아프리카 곳곳에는 유럽 제국주의 국가들에 의해 온갖 시달림을 당해 온 수난의 역사가 숨겨져 있어요. 나미비아 학살은 그 대표적인 예라고 할 수 있지요.

사막에서 학살당한
헤레로족

유럽 대륙에 살던 사람들이 지중해 건너 아프리카를 알기 전까지 아프리카 원주민들은 평온하게 살고 있었어요. 유럽 사람들은 리빙스턴, 스탠리 같은 탐험가들이 본격적으로 아프리카 내륙을 탐험하면서 사하라 사막 남쪽의 아프리카에 대해 알게 되었지요. 영토를 넓히는 데 혈안이 되어 있던 유럽의 제국주의 나라들은 너 나 할 것 없이 아프리카를 식민지로 삼기 위한 경쟁을 시작했답니다. 탐험가가 미지의 땅을 발견하면 총으로 무장한 군대가 뒤따라 들어와 자기네 땅으로 삼아 버렸어요. 평온했던 아프리카 대륙은 유럽의 군인들과 아프리카 원주민들이 피를 흘리는 전쟁터로 변했어요.

남아프리카를 두고 영국과 대립하던 독일은 베를린 회의*를 통해 서남아프리카 지역을 차지하게 되었어요. 아름다운 사막으로 유명한 나미비아가 있는 지역이지요. 나미비아에는 오래전부터 헤레로족이라는 원주민이 살고 있었고요. 독일은 1884년부터 1915년까지 이곳을 식민지로 지배하면서 약탈을 일삼았답니다. 독일인들은 헤레로족을 '이상하

> **베를린 회의** ○○●
>
> 유럽 강대국들이 저마다 아프리카에서 식민지를 넓히려고 눈치 싸움을 하던 와중에, 그 중재를 위해 열린 회의. 이 회의에서 독일은 프랑스와 손잡고 영국을 고립시켰으며, 이후 독자적인 식민지 정책을 추진하게 되었다.

고 부정적인 사람들'이라는 뜻의 '호텐토트'라고 부르며 무시했어요. 독일인들은 헤레로족을 노예처럼 부리고, 그들의 재산도 자신의 것인 양 빼앗아 갔어요. 나아가 독일인들은 1904년 헤레로족을 무참하게 학살했어요.

1889년 나미비아에 가축 전염병이 돌자 목축을 하며 살던 헤레로족은 당장 생계를 이어 갈 수 없는 상황에 놓이게 됐어요. 독일인들은 이런 헤레로

아름다운 사막으로 유명한 나미비아의 풍경.

족을 도와주기는커녕 그들의 곤경을 이용했어요. 생계가 곤란한 헤레로족

에게서 가축과 목초지를 헐값에 사들인 거지요. 헤레로족은 가축과 목초지

를 판 돈으로 당장 굶주린 배를 채울 수 있었지만,

시간이 지나자 가축도 땅도 없는 탓에 전보다 더

가난해졌답니다.

　결국 참다 못해 분노가 폭발한 헤레로족이

독일인 농장을 공격해 100여 명을 살해한 사건

이 벌어져요. 이 소식을 들은 독일 황제 빌헬름

2세는 로타르 폰 트로타 장군에게 1만 4000여 명

의 군사를 주어 나미비아로 보내요. 트로타 장군은 워

터버그 전투에서 헤레로족 전사 3,000명을 죽였어요. 거기

에 그치지 않고 병사들을 시켜 살아남은 헤레로족 사람들을

모두 사막으로 내몰았어요. 항복도 받아들이지 않았지요.

이렇게 6만 5000명의 헤레로족이 황량한 사막에서 죽임을 당했어요. 살아남은 1만 5000여 명도 무사하지 못했어요. 이들은 독일군이 만든 강제 수용소에 갇혀 고문을 당하거나 영양실조에 걸린 상태로 강제 노동을 했어요.

독일 정부는 최근까지도 2차 세계 대전 당시 나치가 저질렀던 전쟁 범죄에 대해 거듭 사과하고 있어요. 그리고 이제는 110여 년 전 나미비아에서 저지른 식민지 범죄에 대해서도 사과를 하기로 했어요. 사과한다고 해서, 시간이 지났다고 해서 상처가 저절로 사라지는 것은 아니랍니다. 하지만 잘못에 대해 책임을 인정하고 사과하는 것에서부터 진정한 용서와 화해가 시작될 수 있어요.

아프리카의 국경선이 평평한 까닭

독일 외에도 여러 제국주의 나라들은 아프리카를 두고 치열한 '땅따먹기 싸움'을 벌였어요. 이를 잘 보여 주는 것이 바로 '파쇼다 사건'이에요. 1830년 서아프리카 알제리를 점령한 프랑스는 아프리카 동남쪽에 있는 마다가스카르섬을 차지한 뒤 아프리카를 가로지르며 땅을 차지할 생각을 하기 시작했어요. 반대로 북아프리카 이집트를 차지한 영국은 남쪽의 남아프리카공화국을 식민지로 삼은 뒤 아프리카를 세로로 잇는 철도를 놓으며 땅을 차지하려고 했답니다.

아프리카 땅을 가로지르던 프랑스와 세로로 지르던 영국은 1898년 아프리카 수단의 파쇼다라는 곳에서 마주치게 됩니다. 파쇼다는 이미 영국이 차지한 땅으로 알려져 있었는데, 프랑스 군대가 이 지역을 점령하자 영국이 반발하고 나섰어요. 전쟁 직전까지 갔던 두 나라는 프랑스가 파쇼다를 영국에 양보하는 조건으로 합의했어요. 대신 영국은 프랑스가 독일을 대신해 모로코 땅을 차지할 수 있게 도와주기로 했고요. 제멋대로 선을 긋고 땅을 차지했던 유럽 제국주의의 면모를 알 수 있는 사건이었지요.

파쇼다 사건을 풍자한 신문 만평. 프랑스 푸들이 영국 불독에게 뼈다귀를 구걸하는 모습을 표현했다. 뼈다귀에 '파쇼다'라고 쓰여 있다.

아프리카 지도를 보면 마치 자로 그은 듯 평평한 국경선을 볼 수 있어요. 제국주의 국가들이 아프리카 지도에 자를 대고 국경선을 그어 땅을 나누어 가졌기 때문이에요. 아프리카 나라들의 국경선에 제국주의 국가들의 잔혹한 식민지 지배 흔적이 남아 있는 셈이지요.

08
정치·국제

중학교 입학할 나이에 살인을 배우다

1945년 8월 14일, 일본 제국주의는 연합국에 항복을 통보했습니다. 그리고 다음 날인 8월 15일에 쇼와 천황이 무조건 항복하겠다는 방송을 하면서 우리 민족의 독립이 이루어졌지요. 일본의 항복을 끝으로 인류를 전쟁의 광풍속으로 몰아넣었던 제2차 세계 대전도 끝이 나게 되었어요. 약 2700만 명의 군인이 전사하고, 자그마치 2500만 명의 민간인이 희생된 비극이었지요.

특히 난징 대학살, 도쿄 대공습, 드레스덴 폭격, 유대인 홀로코스트, 히로시마 원자 폭탄 투하, 일본군 위안부 문제와 같은 비윤리적인 만행이 계속되었어요. 전쟁과 관련된 모든 사람은 당시 있었던 일들로 여전히 큰 상처를 안고 살아가는데요. 한편에는 가해자이기 때문에 벙어리 냉가슴 앓듯 아직도 죄책감을 벗지 못한 사람들도 있어요. 히틀러의 아이들이라고 불리는 '히틀러 청소년단(히틀러유겐트, Hitler-Jugend)'도 그중 하나예요.

구세주처럼 등장한
인종주의자 히틀러

1930년대 독일의 사정은 매우 좋지 않았어요. 제1차 세계 대전의 책임을 고스란히 떠안았기 때문이지요. 알자스-로렌 지방을 비롯한 크고 작은 땅을 잃어버렸고, 막대한 배상금은 도저히 갚아 나갈 길이 보이지 않았어요. 새로 들어선 민주주의 정부는 혼란만 더하고 미국에서 시작된 경제 공황은 세계를 아수라장으로 만들고 말았지요.

누군가 나서서 빈곤한 삶을 해결해 주기만 한다면 얼마나 좋을까? 독일인이 이런 생각을 할 즈음, 아돌프 히틀러가 등장했어요. 1934년에는 독일 수상 겸 대통령 자리에까지 올랐지요. 히틀러가 이끄는 나치당(국가사회주의 노동자당)은 위대하고 강한 독일의 꿈을 심어 주면서 권력을 장악했어요.

히틀러는 특히 푸른 눈에 금발 머리를 한 아리아인의 우수성을 강조했어요. 그는 아리아인을 대상으로 일찍부터 나치즘을 교육하기 위해 1920년대 나치당이 만든 청소년 단체(이후 '히틀러 청소년단'으로 불림)를 확대하기 시작해요.

히틀러 청소년단원들의 앳된 모습. ©Bundesarchiv, Bild 146-1983-056-06

1934년에는 히틀러 청소년단을 제외한 모든 청소년 단체를 없애 버렸기 때문에 독일에서 가장 규모가 큰 청소년 단체가 되었지요. 1936년에는 독일의 모든 건강한 청소년은 이 단체에 강제 가입해야만 하는 법이 만들어졌어요. 1939년에는 무려 800만 명이 가입한 거대한 조직이 되었어요.

히틀러 청소년단의 제복. 독일 올덴부르크에 있는 박물관에서 촬영되었다. ©WerWil

아이들은 만으로 10세가 되면 인종 검사를 받아야만 했어요. 대대로 순수한 아리아인이라는 혈통 증명서를 받아 남자아이들은 독일소년단에, 여자아이들은 독일소녀단에서 4년 동안 활동했어요. 그리고 14세가 되면 히틀러 청소년단이 되었지요. 18세가 되면 나치당의 정식 당원이 될 수 있었어요.

히틀러 청소년단에서는 강한 체력을 기르기 위한 활동이 이어졌어요. 수영, 야구, 달리기, 체조, 담력 훈련을 했어요. 야간에는 인종이나 나치당에 대한 이론을 공부했어요. 주말에는 하이킹을 떠나 야전 훈련, 모의 전쟁, 캠프파이어, 지도 읽는 법 등을 배웠어요. 나중에는 군대 조 짜기, 전쟁 중 들키지 않고 이동하기, 총 쏘기, 수류

총 쏘는 법을 훈련하는 어린 병사의 모습.
©Bundesarchiv, Bild 146-1981-053-35A

중학교 입학할 나이에 살인을 배우다

탄 던지기 등 군인이 될 준비를 했고요. 여자아이들은 훌륭한 아내가 되는 훈련을 받았지요. 이제 갓 사춘기가 된 청소년의 마음을 끌기 위해서 갈색 제복, 깃발, 화려한 배지, 번쩍이는 군화와 완장이 제공되었어요. 군악대와 함께하는 퍼레이드는 아이들을 설레게 했지요.

가해자인 동시에 피해자인 아이들

군대와 같은 조직 생활은 무조건 상관에게 복종을 강요했어요. 획일적으로 히틀러의 사상을 전수받아 나라를 위해서라면 자신의 부모도 고발하도록 세뇌되었지요. 실제로 한 8세 어린이의 부모는 딸의 고발로 비밀경찰에게 끌려가 3~4주 동안 집에 돌아오지 못하기도 했어요.

엄마 아빠가 히틀러를 욕했어요!

청소년단원은 나치당의 사상을 알리기 위한 캠페인에 동원되고, 유대인을 색출하는 작업을 했어요. 점점 '충성스럽게 살고, 죽음을 거부하고 싸우며, 웃으면서 죽는다'는 강령을 실천하는 히틀러의 비밀병기가 되어 갔지요.

1939년 독일이 제2차 세계 대전을 일으키면서부터 히틀러 청소년단은 후방의 독일군으로 활동했어요. 전쟁이 막바지에 이르면서 14세 어린 소년들은 폭격을 무릅쓰고 참호를 뛰어다니며 전쟁에 참여했어요. 폭격이 끝나면 시체를 수습하고, 청소하는 역할도 이들 몫이었지요. 육·해·공군의 특수 부대에 편성된 소년들은 잔인한 살인도 서슴지 않았어요. 히틀러의 자살로 독일이 항복한 이후에도 철저하게 세뇌되어 한동안 아무런 죄의식을 느끼지 못했다고 해요.

만약에 이들이 히틀러의 아이로 성장하지 않았다면 분명히 다른 인생을 살았겠지요? 배우고 익힌 대로 독일을 위해 목숨을 바쳤지만, 이들의 활동은 정당하지 못했어요. 세월이 흐른 후에야 자신의 행동에 책임감을 느끼고 양심을 고백하는 사람들이 늘고 있어요. 하지만 이미 자기 자신에게, 그리고 세계사에 씻을 수 없는 상처를 남겼지요. 이들은 여전히 가해자이면서 피해자이기 때문이에요. 이들과 이들에 의해 아픔을 겪은 사람들의 마음속에서 전쟁의 아픔은 영원히 끝나지 않을 거예요. 이것이 제2차 세계 대전 종전 70주년을 지나온 우리가 평화를 지켜야 하는 이유이지요.

N   E   W   S

2

경제

인생 역전 '로또'! 로마 제국 때부터 있었다고?

학생들에게 유난히 가슴 설레고 두근거리는 날이 있어요. 교실에서 자리를 바꾸는 날이 그렇지요. 교탁 바로 앞자리에 앉기를 희망하는 학생이 있는가 하면, 누군가는 뒷문 옆에 앉고 싶어 해요. 어떤 친구와 짝이 되어 앉는지에 대한 기대감은 두말할 필요도 없겠지요.

작은 교실이라 해도 누구나 공정하게 원하는 자리에 앉도록 하는 것은 거의 불가능한 일이에요. 그래서 선생님들이 저마다 다양한 방법을 사용하는데, 그중 하나가 추첨이에요. 제비를 뽑거나 아니면 최신 유행의 컴퓨터 자리 바꾸기 프로그램을 활용하는 것이지요.

이렇게 추첨을 통해서 자원을 나누는 방식은 고대 이집트에서부터 있었어요. 이번에는 인생을 역전시키는 추첨인 복권에 대해 살펴볼게요.

성경에서부터 시작된
복권의 역사

〈구약성서〉의 민수기에는 추첨에 대한 오래된 기록이 등장해요. 유대인들이 모세를 지도자로 삼아서 홍해가 갈라지는 기적을 맛보며 이집트를 탈출하는 대목이 있지요. 하지만 그들은 농사지을 땅이 없으니 생활이 어려웠어요. 이때 모세는 인구를 조사하고 나서 추첨을 통해 요르단강 근처의 땅을 나누어 주었어요. 아마 그 당시 남들보다 더 기름진 땅을 차지하는 일은 대박의 행운이었을 거예요.

로마 제국의 황제들은 선물 추첨을 통해 제국을 유지하고, 황제로서 존경을 받으려 했어요. 로마의 첫째 황제였던 아우구스투스는 농업의 신에게 제사를 지내는 축제일이면 많은 손님을 초대해서 잔치를 베풀었어요. 초대받은 사람들은 식사비를 내고 영수증을 받았는데, 영수증이 바로 선물을 추첨하는 행운권이었어요. 큰 경품을 받는 사람도 있지만, 대다수의 사람은 소소한 경품에 당첨되었기 때문에 행운권 아이디어는 재정적으로 큰 이익을 가져다주었어요. 황제의 입장에서는 귀족들과 오락을 즐기고, 수익금으로 부족한 세금도 채울 수 있으니 일석이조였지요.

네로 황제 역시 이런 방식을 아주 좋아했어요. 로마에 큰 화재가 나서 재정이 어려울 때, 파티를 하며 수천 장의 행운권 이벤트를 개최했어요. 작게는 귀뚜라미 한 마리부터 노예, 부동산, 선박에 이르는 큰 경품이 100% 주어졌어요. 남은 돈은 로마를 재건하는 데 사용되었지요.

로마 제국이 멸망하고 나서도 복권은 다양하게 이어졌어요. 특히 중세 유럽에서 도시와 상업이 발달하고 화폐 경제가 성장하면서 복권도 활발하게 만들어지기 시작했지요. 15세기 벨기에의 플랑드르에서는 항구를 개발하

거나 성당을 건설하고 가난한 사람을 돕기 위해 복권을 발행했어요. 16세기 이탈리아에서 하수도를 정비하기 위해 발행한 복권 이름은 '로또(lotto)'였어요. 이탈리아어로 '행운'이라는 뜻이에요. 여기에서 유명한 로또 복권의 명칭이 유래했어요. 그리고 영어로 복권을 'lottery'라 부르게 되었는데, 이때부터는 당첨자에게 선물이 아닌 현금을 주기 시작했대요.

당시 이탈리아의 제노바 공화국에서는 매년 90명의 정치인 중에서 5명을 추첨해서 지도자를 선출했는데요, 우리가 아는 로또 복권의 방식은 여기에서 유래했다고 해요. 우리나라의 로또 복권은 45개 숫자 중 6개를 선택하도록 하고 있지요.

중세 유럽에서는 이러저러한 이유로 만들어진 복권들 덕분에 많은 공공 건물과 성당이 지어졌어요. 고딕 양식으로 유명한 독일의 쾰른 대성당 역시 이렇게 만들어졌지요.

복권 수익금으로 지어진 쾰른 대성당.

하버드 대학을
복권으로 지었다고?

복권 열풍은 전 세계로 퍼져 나갔어요. 프랑스의 루이 15세, 영국의 엘리자베스 1세 여왕은 부족한 재정을 확보하기 위해 복권을 발행했지요. 미국 건국 과정에서도 복권은 큰 역할을 했어요. 벤저민 프랭클린은 영국과의 독립전쟁을 승리로 이끌기 위해서 대포가 필요하다고 생각했고, 대포를 사는 자금을 마련하기 위해 복권을 발행했어요.

조지 워싱턴 대통령은 서부 개척 시대에 산맥을 가로지르는 도로를 복권 수익금으로 건설했어요. 미국을 대표하는 하버드·예일·컬럼비아·프린스턴·브라운 대학 등 유명한 대학들도 같은 방법으로 지원을 받아서 설립되었어요.

우리나라에서 만든 최초의 공식 복권은 1947년 '런던 올림픽 후원 권'이었어요. 일본으로부터 해방 되고 나서 당당하게 독립국임을 알 리기 위해서 올림픽에 도전했지만, 선수단 식비나 교통비조차 마련하

우리나라 최초 복권 '런던 올림픽 후원권'. ⓒ문화재청

기 어려운 상황이었지요. 복권 한 장 가격은 100원. 1등 당첨금은 당시 집 한 채 가격이었던 100만 원이었어요. 100원짜리 복권 한 장에 담긴 국민의 마음을 모아 67명의 선수단은 1948년 런던 올림픽에 참가할 수 있었어요.

물론 복권을 발행하는 기관이나 사는 사람이 모두 다 공공의 이익을 위한 나눔의 마음을 지닌 것은 아니에요. 이탈리아에서 복권은 도시 전체를 1등 당첨금으로 내걸 만큼 위험한 도박으로 흐르기도 했고, 지나치게 상업적인 목적으로 이용되기도 했어요. 그 때문에 시대를 달리하며 종종 발행이 금지 되었지요. 하지만 지금까지도 복권이 유행하는 건 적은 금액으로 당첨을 기 다리며 그려 보는 미래의 소망 때문이 아닐까요?

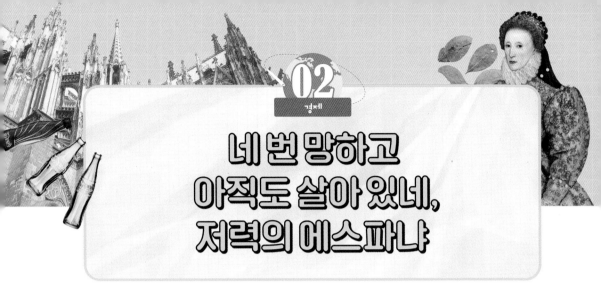

네 번 망하고 아직도 살아 있네, 저력의 에스파냐

2015년 그리스는 커다란 재정 위기를 맞이했어요. 그리스 정부가 IMF 등 국제 금융 기구에서 빌린 돈을 약속한 날까지 갚지 못했기 때문이에요. 그 야말로 국가 부도 상황이었지요. 유럽의 경우 유럽연합(EU)에 속한 나라 중 19개 나라는 유로화라는 동일한 화폐를 사용하는데, 그리스도 그중 하나였어요. 그래서 그리스의 위기는 다른 나라로 이어질 가능성이 있었어요. 이 위기를 잘 넘기기 위해서 유럽의 여러 나라가 머리를 맞대고 협상안을 제시했지요. 잘 극복한다면 비 온 뒤에 땅이 굳어지는 것처럼 더 단단한 공동체가 될 수 있을 테니까요. 그 뒤 지출을 줄이는 노력으로 그리스는 2017년에 EU의 '위기 국가' 명단에서 제외되었다고 합니다.

국가 부도는 역사적으로 많은 나라가 겪어 왔는데요. 가장 처음으로 국가 부도를 선언한 나라는 에스파냐랍니다.

가톨릭 말고는 아무것도 안 믿어!

16세기 카를 5세는 말 그대로 '금수저를 입에 물고 태어난 사람'이었어요. 누구나 부러워할 만한 부와 권력을 지닌 고귀한 신분으로 태어났다는 뜻이에요. 그는 아버지에게서 신성로마제국(독일·오스트리아 지역)을, 어머니에게서 에스파냐 왕국을 물려받아 합스부르크 왕가의 전성시대를 열었어요. 로마 제국처럼 유럽 전체를 지배하려는 야심이 있었지요. 가장 큰 걸림돌은 마르틴 루터의 종교개혁*이었어요. 신교 세력을 막기 위해 막대한 돈을 들여 전쟁을 벌였지만, 결국 신교를 인정할 수밖에 없었어요. 상심이 지나치게 컸던 걸까요? 그는 동생 페르디난트 1세에게 신성로마제국을, 아들 펠리페 2세에게 에스파냐를 물려주고 수도원에서 일생을 마감하게 되지요.

> **종교개혁** ○●●
> 당시 로마 가톨릭 교회의 여러 가지 문제점들을 지적하는 95개조 반박문을 발표하며 시작되었다. 부패한 교회에 맞서 성경, 은혜, 믿음으로 돌아갈 것을 강조했다.

1556년 7월 에스파냐의 왕이 된 펠리페 2세는 깜짝 놀랄 만한 사실을 알게 되었어요. 아버지에게서 에스파냐 왕위만 물려받은 것이 아니라 어마어마한 빚도 함께 떠안았다는 것을 말이지요. 카를 5세가 전쟁 경비를 마련하려고 대출을 받으면서 몇 년 치 세금이

독실한 가톨릭 신자였던 펠리페 2세의 초상화.

몽땅 담보로 잡힌 거예요. 기한이 되어도 갚을 수 없는 빚 때문에 그는 왕이 된 이듬해에 최초로 국가 부도를 선언하게 됩니다.

아버지보다 더 독실한 가톨릭 신자였던 펠리페 2세는 검은색 옷만 입을 정도로 성격도 고집불통이었어요. 카를 5세는 아들에게 "아무도 믿지 말고, 오직 스스로 판단하고 결정해라."라고 했대요. 이 말대로 그는 신하들의 의견은 듣지 않고, 유럽의 가톨릭을 수호하기 위해 전쟁에 뛰어들며 사태를 더욱 악화시켰지요. 결국 1560년 또다시 국가 부도 선언이 이어졌어요.

꼼꼼하고 보수적인 성격의 그는 특히 종교에 관한 문제에서는 한 발자국도 양보하지 않았어요. 가톨릭이 아닌 신교와 관련된 책은 일절 읽지 못하도록 하고, 종교전쟁에 계속 뛰어들었지요. 그러다 보니 신교도가 많던 식민지 네덜란드에서 강한 저항이 일어났어요. 프랑스의 가톨릭을 지원하는 비용도 만만치 않게 들어갔고요. 게다가 그는 이슬람교도에게도 엄격했어요. 3년 안에 에스파냐어를 익히지 못하면 처벌하고, 아랍 복장도 금지했어요. 종교를 바꾸지 않으면 가혹한 세금을 내도록 했지요. 그러자 경제력을 지닌 이슬람교도들이 에스파냐를 떠나기 시작했어요. 유대인들도 마찬가지였지요. 순수한 혈통이 아닌 사람들은 모두 에스파냐를 떠나야만 했어요. 이렇게 경제력을 지닌 사람들이 떠나면서 금융은 또다시 휘청거렸고, 1575년 펠리페 2세는 세 번째 국가 부도를 선포했어요.

'무적함대'도
'무적'이 아니었어

　　다행인지 불행인지 아메리카 대륙에서 들어오는 은(銀)이 증가하면서 재정 위기는 빠르게 극복되었어요. 당시 전 세계 금과 은의 대부분이 에스파냐로 몰려들고 있었거든요. 무역항이었던 세비야는 흥청거리고, 사람들은 사치품을 사들였어요. 물가는 폭등하고, 별다른 산업 기반이 없던 에스파냐는 은을 소비하느라 정신이 없었어요. 결국 아메리카에서 들어온 은은 아주 잠시 에스파냐를 거쳐서 외국으로 모두 빠져나갔답니다.

　　이 무렵 펠리페 2세는 영국 때문에 골머리를 앓고 있었어요. 영국의 여왕 엘리자베스 1세가 영국국교회라는 신교를 믿는 것이 탐탁지 않았거든요. 게다가 아메리카 대륙에서부터 은을 실어 나르는 배를 약탈하던 영국 해적 드레이크에게 엘리자베스 1세가 기사 작위를 수여해서 심기가 몹시 불편했어요. 설상가상으로 엘리자베스에게 청혼까지 거절당하면서 자존심에 큰 상처를 입었지요.

　　엘리자베스 1세는 네덜란드 독립운동을 지원하고, 가톨릭 신자였던 스코틀랜드의 메리 여왕을 처형해 버리기도 했어요. 사사건건 에스파냐와 반대편에 서는 여왕에게 울분을 토하던 펠리페 2세는 대규모 함대를 조직하기 시작했어요. 막대한 비용은 아메리카에서 들어오는 은으로 해결하면 된다고 생각했지요. 펠리페 2세는 1588년 130척의 무적함대를 끌고 영국을 공격했어요. 이것이 그 유명한 칼레 해전이에요. 훌륭한 전술과 변덕스러운 날씨를 잘 이용한 영국이 승리했고 무적함대는 역사에서 사라지게 됩니다.

　　무적함대만 사라진 건 아니었어요. 화수분처럼 계속 나올 것 같았던 은이

영국 배들과 에스파냐 무적함대의 모습을 표현한 그림.

다른 나라로 유유히 사라지고, 금융 엘리트 역할을 하던 유대인도 빠져나가고, 계속된 전쟁 비용에 빚은 더 늘어만 갔어요. 결국 1596년 네 번째 부도 선언에 이릅니다.

펠리페 2세는 에스파냐, 포르투갈, 남아메리카, 네덜란드, 부르고뉴, 시칠리아, 나폴리, 인도 서해안, 아프리카 남서부 등 세계를 지배했어요. 하지만 아이러니하게도 가장 빛나던 전성기에 국가 부도를 네 번이나 경험한 왕이 되었지요.

집 한 채보다
튤립 한 송이가
더 비쌌던 그 시절

4~5월은 고고한 튤립의 계절입니다. 전국 놀이동산과 지역 곳곳에서 튤립 축제가 벌어지지요. 그런데 흔해 보이는 튤립이 한때 집 한 채보다도 비싼 가격에 거래되었다는 사실을 알고 있나요?

튤립의 꽃말은 '사랑의 고백', '영원한 애정'이에요. 원산지는 터키라고 알려져 있어요. 튤립의 모양이 이슬람교도들이 머리에 두르는 터번과 닮았다고 하여 터키어로 '톨리반(toliban)'이라고 불렀다고 해요. 이후에 라틴어 이름 '뚤리빠(tulipa)'를 거쳐 오늘날 '튤립(tulip)'이 되었지요.

터키 사람들은 튤립이 신을 상징한다고 생각했어요. 그래서 전쟁에 나갈 때 속옷에 튤립 모양 수를 놓아 부적처럼 간직했대요. 술탄, 즉 왕이 사는 톱카프 궁전 정원에 튤립을 가득 심기도 했지요. 꽃을 재배하는 정원사는 가장 중요한 관리 중 하나로 여겨졌어요.

부의 상징,
튤립?

16세기에 터키는 오스만 제국이라는 이름으로 번영을 누리고 있었답니다. 오스만 제국이 아시아·아프리카·유럽, 세 대륙에 드넓은 영토를 개척하면서 전성기를 누릴 때 튤립이 유럽에 전해졌어요. 처음 유럽인들에게 튤립은 그저 처음 보는 동양의 신비한 식물에 불과했지요. 그들은 꽃의 아름다움보다는 '먹을 수 있는가' 혹은 '어떤 병에 효과가 있는 약초인가'를 더 궁금해 했거든요. 그런 의미에서 튤립은 뿌리가 양파처럼 생겼지만 맛이 없고, 약으로도 도통 쓸모없어 보이는 꽃이었어요.

그러다가 1593년 무렵, 튤립 재배에 관심을 가진 사람이 나타났어요. 식물학자 카롤루스 클루시우스는 네덜란드 레이덴 대학의 의학 연구소에서 식물원을 만들고 있었지요. 그는 다양한 재배 방법으로 알뿌리를 교배하여 희귀한 튤립을 만들어 내는 데 성공합니다. 한 가지가 아닌 두 가지 색의 튤립, 줄무늬 튤립 등 신비로운 색을 가진 튤립을 만들었어요. 그는 아주 친한 몇몇 사람에게만 튤립 알뿌리를 나누어 주거나 비싼 가격으

희귀한 튤립들을 만들어 낸 식물학자 카롤루스 클루시우스의 초상화.

로 판매했는데, 이것이 사람들의 욕심을 불러일으켰지요. 식물원에 대한 소문이 퍼지자 사람들은 튤립을 갖고 싶은 나머지 도둑질을 하기 시작했어요.

하룻밤 사이에 수십 개의 알뿌리가 사라질 정도였지요.

튤립이 몰래 팔려 나가기 시작하면서 가격은 하늘 높은 줄 모르고 치솟았어요. 그러자 사람들은 튤립을 갖고자 하는 열망에 불타요. 17세기는 유럽 전체에서 네덜란드가 가장 강력한 부(富)를 누리던 시기였어요. 귀족들은 자신의 정원을 튤립으로 장식하기를 원했지요. 희귀한 튤립일수록 부유한 사람의 상징이 되었고, 튤립은 사회적 지위를 뜻하는 꽃이 되었어요. 하지만 너무 가격이 비싼 나머지 집 정원에 튤립 한 송이만 심는가 하면, 여러 개의 거울로 반사시켜 꽃이 많아 보이도록 하기도 했습니다.

튤립의 이름도 다양해졌어요. '제독', '장군'에 이어 '제독 중의 제독', '장군 중의 장군'과 같은 거만한 이름도 등장했어요. 그중에서도 가장 비쌌던 것은 '젬퍼 아우구스투스(Semper Augustus, 영원한 황제)'라는 이름을 가진 줄무늬 튤립이었답니다. 흰색과 짙은 홍색이 어우러진 이 꽃은 좀처럼 구하기 어려웠거든요. 이 튤립의 알뿌리 하나가 자그마치 1만 길더(guilder)에 팔렸는데, 이 금액은 당시 최신식 수로와 차고, 250m짜리 정원을 갖춘 저택을 한 채 살 수 있는 돈이었다고 해요.

저택 한 채에 맞먹는 값어치를 지녔던 튤립 '젬퍼 아우구스투스'.

활짝 피었다
한순간에 지는 꽃처럼

가격이 계속 오르자 희귀종의 알뿌리를 팔아서 벼락부자가 된 사람이 등장했어요. 그리고 부자가 되겠다는 생각에 너 나 할 것 없이 모두 돈만 생기면 알뿌리를 사들이기 시작했지요. 귀족이나 부유층에서 시작된 튤립 열풍은 식을 줄 몰랐고, 가난한 제빵사, 구두 수선공, 뱃사람, 하인, 농부, 굴뚝 수리공에게까지 퍼지면서 온 나라가 튤립 알뿌리를 사들이느라 시끌벅적했어요.

그러다가 1637년 2월, 정말 큰일이 터지고야 말았어요. 아무도 튤립을 사려고 하지 않으면서 거짓말처럼 거래가 멈춰 버린 거예요. 이제는 모두 자신이 가진 튤립을 팔겠다고 난리였지요. 하지만 원래의 비싼 가격에 사겠다는 사람은 한 명도 없었어요. 돈을 빌려서 튤립 알뿌리를 산 사람들은 빚을 갚지 못해 밤사이 도망가기 일쑤였습니다. 황금알을 낳는 거위라고만 생각했던 튤립이 한낱 양파만도 못해졌지요. 튤립 가격은 적게는 20분의 1에서 많게는 1,000분의 1 이하로 떨어졌어요. 그토록 신비롭게 보였던 젬퍼 아우구스투스의 줄무늬는 바이러스 때문에 생긴 변종이라는 사실도 밝혀졌고요. 튤립 때문에 웃고 울었던 네덜란드인들은 '유럽 최강의 부국(富國)'이라는 이름을 영국에 넘겨 주어야 했답니다.

이후 튤립은 네덜란드 토양에 맞는 새로운 종이 개발되어 네덜란드를 상징하는 꽃이 되었어요. 게다가 세계 제1위의 꽃 수출국이 된 네덜란드에 지금도 부를 가져다주고 있지요. 겨울 추위를 이겨 낸 봄꽃이 짧은 순간 찬란하게 꽃을 피웠다가 사그라지는 모습은 우리에게 인생의 한순간도 놓치지 말고 열심히 살라는 교훈을 주는 것 같습니다.

영국인 듯 영국 아닌 잉글랜드와 스코틀랜드의 불편한 동거

유럽 공동체를 만든 지 43년 만에 영국이 유럽연합(EU) 탈퇴를 결정하면서 지구촌이 요동을 쳤어요. 브렉시트(Brexit, 영국을 뜻하는 'Britain'과 탈퇴를 의미하는 'exit'의 합성어)는 영국 국민의 찬반 투표로 결정되었는데, 개표 결과 찬성은 51.9%였고 반대는 48.1%였어요. 스코틀랜드 사람들의 경우 62%나 'EU 잔류'를 선택했다고 해요. 스코틀랜드 자치 정부는 "브렉시트는 스코틀랜드 독립을 묻는 또 다른 투표로 이어질 수 있다."라는 입장을 밝혔어요.

영국은 여러 국가가 합쳐진 나라예요. 잉글랜드를 중심으로 스코틀랜드·웨일스와의 통합(1707), 아일랜드 왕국과의 연합(1800), 아일랜드 공화국 독립과 북아일랜드 잔류(1922) 등을 거쳐 현재 모습에 이르렀지요. 스코틀랜드에 사는 켈트족과 잉글랜드에 사는 앵글로색슨족은 오랜 기간에 걸쳐 끊임없는 갈등을 겪어 왔습니다.

좁은 다리를 이용해 승리한 '스털링 전투'

1296년 잉글랜드가 스코틀랜드의 땅을 침략하면서 두 나라 사이에는 전쟁이 벌어졌어요. 당시 잉글랜드의 군사력은 스코틀랜드보다 한참 앞서 있었어요. 잉글랜드 군대는 손쉬운 승리를 예측했지요. 그러나 스코틀랜드인들의 저항은 만만치 않았어요. 13세기 후반 시작된 전쟁은 14세기 초반까지 이어져 결국 스코틀랜드의 독립으로 끝나거든요.

1297년 스코틀랜드의 스털링 성 근처에서 벌어진 전투에서 잉글랜드군은 쓰디쓴 전술의 패배를 맛보았다고 해요. 스털링 다리는 기병(말을 탄 병사) 두 명이 겨우 지나갈 정도로 아주 좁은 다리였답니다. 전투가 시작되었을 때, 중무장한 잉글랜드 기병대

스털링 전투를 표현한 그림.

가 아주 천천히 다리를 건너왔어요. 이어서 잉글랜드 보병(걷는 병사) 수만 명과 웨일스에서 데려온 지원군도 다리에 들어섰어요. 그때 별안간 다리 양옆에서 "공격하라!"라는 우렁찬 소리가 들렸어요. 스코틀랜드군의 함정이었지요. 명령이 떨어지자 창을 든 스코틀랜드 병사들이 높은 지대에서 빠른 속도로 돌진해 왔어요. 피할 곳도 없는 좁은 다리에서 수많은 잉글랜드 군사들이 탈출하지 못하고 죽음을 맞았지요.

영국인 듯 영국 아닌 잉글랜드와 스코틀랜드의 불편한 동거

여왕 vs. 여왕

그렇다면 스코틀랜드와 영국은 언제부터 통합의 발판을 마련했을까요? 1603년 잉글랜드의 강력한 여왕 엘리자베스 1세가 평생 결혼하지 않고 사망하자, 스코틀랜드의 제임스 6세가 잉글랜드 왕을 겸임하면서부터예요. 두 나라는 전쟁을 막기 위한 화해 수단으로 왕실 정략결혼을 병행했어요. 엘리자베스 1세가 자식을 남기지 않자, 왕위를 계승할 사람이 스코틀랜드 왕 한 명으로 좁혀진 거지요. 그렇게 잉글랜드와 스코틀랜드는 '한 명의 왕, 두 개의 나라'를 유지하다, 1707년 '통합법'을 만들어 공식적으로 한 나라가 되었어요. 계속해서 이어지던 두 나라 간 갈등이 이젠 한 나라의 내부 분열로 전환된 것이지요.

잉글랜드의 유례없는 강력한 여왕 엘리자베스 1세와 스코틀랜드의 마지막 여왕 메리 스튜어트가 벌인 감정 대결도 참 재미있는 이야깃거리랍니다.

엘리자베스 1세

메리 스튜어트

England + Scotland

Union Jack 1606 + Ireland

Union Jack 1801

잉글랜드, 스코틀랜드, 북아일랜드의 국기가 합쳐져 오늘날 영국 국기인 유니언 잭이 되었다.

1542년 스코틀랜드에서 태어난 지 6일 된 갓난아기 메리 스튜어트가 여왕 자리에 올랐어요. 메리는 그 후 프랑스로 가서 궁정 교육을 받으며 귀하게 자랐고, 17세에 스코틀랜드 여왕이자 프랑스 왕비가 되었답니다. 건강이 안 좋던 프랑스 왕이 결혼 1년 만에 세상을 떠나자, 메리는 스코틀랜드로 돌아와 여왕 역할에 집중하게 되었지요. 당시 잉글랜드를 통치하던 엘리자베스와 스코틀랜드의 메리는 따지고 보면 친척 사이였어요. 그러나 늘 비단길을 걸어온 메리와 달리 엘리자베스는 가시밭길만 걸어왔지요. 엘리자베스의 어머니는 사형을 당한 비운의 왕비였거든요. 엘리자베스는 여왕이 되기까지 생사를 넘나드는 위기를 겪어야 했어요. 일부 사람은 엘리자베스가 '어머니 없는 사생아'라며 스코틀랜드의 메리가 잉글랜드의 왕위를 계승해야 한다고 말하기도 했어요. 게다가 메리도 이에 동조했어요.

"사실 나는 잉글랜드 여왕이기도 해. 엘리자베스는 사생아잖아."

엘리자베스는 심한 모욕감을 느꼈어요. 그러던 중 스코틀랜드에서 종교 분쟁과 반란이 일어났고, 메리가 민심을 잃어 여왕 자리에서 쫓겨나게 됐어요. 메리는 친척인 엘리자베스에게 편지로 도움을 요청했어요. 지난 세월 자신이 엘리자베스에게 준 고통은 잊은 채 말이지요. 그리고 잉글랜드로 도망쳤어요. 그런데 엘리자베스는 메리를 환영해 주는 대신 20여 년간 이 성 저 성에 갇혀 지내도록 만들어 버렸답니다. 1586년 메리는 잉글랜드 왕위를 탐하는 역모를 꾸미다 들통이 나서 사형에 처해졌어요.

우여곡절 끝에 합쳐진 나라가 브렉시트로 다시 분열 위기를 맞았어요. 스코틀랜드는 결국 다시 독립을 하게 될까요? 잉글랜드와 스코틀랜드, 북아일랜드의 국기가 합쳐진 지금 영국의 '유니언 잭'을 언제까지 볼 수 있을지 세계가 관심을 갖고 지켜보고 있습니다.

수염 기르고 싶으면 세금을 내야지, 이 사람아

폭염이 극심한 여름에는 시원한 맛으로 더위를 날려 주는 빙과류를 찾게 되는데요. 빙과류에는 비만의 원인이 되는 설탕이 많이 들어 있어 적당한 양을 먹는 게 중요하다고 하지요. 유럽에서는 패스트푸드나 탄산음료 등 비만을 유발하는 식품에 '비만세'라는 세금을 부과하는 정책이 점차 확산되고 있다고 해요. 헝가리는 지방, 설탕, 소금이 많이 들어간 식품 등에 세금을 부과하고 있어요. 핀란드는 사탕과 아이스크림 등에, 프랑스는 초콜릿과 잼의 재료에 세금을 부과하고 있지요. 국민 건강을 지키고 국가 수입을 늘려 두 마리 토끼를 한꺼번에 잡으려는 거예요.

그런데 18세기 러시아에는 수염을 기르려는 사람에게 세금을 거둬 근대화와 조세 수입을 동시에 얻은 황제가 있었어요. 바로 러시아를 일으킨 표트르 대제입니다.

표트르는 10세의 어린 나이에 러시아의 차르(제정 러시아 때 황제를 부르던 말)가 됐어요. 하지만 정치는 누나 소피야의 몫이었고, 그는 주로 전쟁놀이를 하면서 어린 시절을 보냈지요. 외국인이 많이 거주하는 마을에 살면서 서유럽 문화를 습득하고 자유로운 생활을 즐겼어요. 이곳에서 그는 어떤 일에 실패하더라도 지치지 않고 실패를 교훈 삼아 또다시 도전하는 자세를 익혔지요.

그는 차르가 되려는 누나 소피야의 반란을 진압하고 러시아 개혁에 돌입했어요. 200년이 넘는 오랜 세월 동안 몽골의 지배를 받아 여전히 몽골의 잔재가 남아 있었던 러시아를 서유럽처럼 만들고 싶어 했지요.

니콜라이 네프레프의 그림으로, 외국식 의복을 입은 표트르 1세의 모습을 표현했다.

1697년 250여 명의 사절단이 러시아를 떠나 서유럽 탐방에 나섰어요. 사절단에는 표트르 미하일로프라는 사나이가 있었어요. 2m가 넘는 큰 키에, 무엇을 배우든 가장 적극적으로 나섰지요. 그는 바로 신분을 숨긴 채 함께 탐방을 나선 표트르 대제였어요. 그는 군대, 공장, 대학 등 다양한 곳을 찾아 성 쌓기, 대포 쏘기, 옷감 짜기, 인쇄하기, 인체 해부, 화폐 만들기 등 다양한 기술을 배웠어요. 특히 배를 만드는 조선술에 관심이 많아 직접 연장통을 들고 목수로 일하기도 했대요.

18개월 동안 서유럽의 문물을 배우고 돌아온 표트르에게는 큰 꿈이 생겼어요. '유럽을 향해 나아가는 러시아를 만들어야겠다.' 그러기 위해서는 꼭 바다를 점령해야 했

러시아 상트페테르부르크의 페트로파블롭스크 요새. 스웨덴의 공격을 방어하기 위해 표트르 1세가 지었다. ⓒAleks G

고, 발트해로 진출하기 위해서는 스웨덴과 싸워야만 했지요.

오늘은 무슨
세금을 만들까?

1700년부터 시작된 북방전쟁에서 러시아의 자존심은 처참하게 무너졌어요. 표트르는 전쟁에서 진 이유를 면밀하게 분석했지요. 그리고 시간을 두고 러시아의 전면 개혁에 나섰어요.

군사적으로 중요한 지역에 성과 요새를 쌓고, 무기를 서유럽의 신식 무기로 바꿨어요. 꾸준한 전투를 통해 얻은 네바강 유역에는 새로운 도시 상트페테르부르크(성 베드로의 도시)를 건설했어요. 홍수가 잦은 습지를 메워 건설한 이 도시는 이후 '유럽을 향해 열린 러시아의 창(窓)' 역할을 충분히 해냈지요. 해군 함대를 만들고, 포병학교와 각종 군사학교를 만들어 농민을 동원해 군사를 충원했어요. 도서관과 박물관을 만들고, 행정 기구를 재편성하고, 신문을 만들었으며, 날짜를 계산하는 역법도 바꾸었지요. 외국어를 못하는 귀

족은 귀족 신분을 박탈했고, 저항하는 사람에게는 가혹한 형벌이 가해졌어요.

거침없는 일련의 개혁은 러시아의 운명을 바꿨답니다. 폴타바 전투의 승리로 전세를 역전한 러시아는 북방전쟁이 끝나는 1721년 스웨덴을 완전히 굴복시켰어요.

이 같은 표트르의 개혁에는 어마어마한 돈이 필요했어요. 러시아를 뜯어고치는 일은 거저 이루어지지 않으니까요. 정부는 소금을 비싸게 팔고, 성당의 종까지도 가져다가 무기를 만드는 데 사용했어요. 수많은 이름의 새로운 세금이 생겨났어요. 개인 사우나, 술 창고, 화로에도 세금을 내도록 했고, 결혼식에도 세금을 거뒀어요. 빨래할 때 쓰는 대야와 장례식 때 시체를 넣는 관, 심지어 사람 눈동자도 색깔에 따라 세금을 내도록 했답니다.

특히 수염을 기르려면 당시 기준으로 매우 비싼 세금을 내야 했어요. 표트르는 가위를 들고 신하들의 수염을 즉흥적으로 싹둑싹둑 자르기도 했답니다. 당시 러시아 사람들은 수염을 예수와 제자들이 지녔던 것으로 신의 장식품이자 인간과 동물을 구분하는 신성한 것으로 여겼는데도 말이에요. 표트르에게 수염을 자른다는 것은 곧 근대화의 상징이었지요. 이때 '이발사 차르'라는 별명을 얻기도 했어요. 1721년 러시아 원로원은 표트르에게 '임페라토르(황제)'라는 칭호를 주었고, 이때부터 러시아 제정(帝政)*이 시작됐어요.

　표트르 시대의 러시아는 '표트르의 러시아', '표트르 대제'라는 말이 어울릴 정도로 큰 개혁을 거쳤습니다. 하지만 그 과정에서 백성들을 가혹하게 동원하여 크고 작은 농민 반란이 끊이지 않았지요. 표트르의 이러한 개혁에 점수를 준다면, 여러분은 몇 점을 주고 싶으세요?

> **러시아 제정 ○●●**
> 제정 러시아 또는 러시아 제국이라고 한다. 표트르 대제가 1721년에 세운 군주제 국가로. 1917년 3월 러시아 혁명으로 멸망했다. 그 이후 1917년 10월 혁명까지는 임시 정부가, 1991년까지는 소비에트 연방이 통치했다.

수염 기르고 싶으면 세금을 내야지, 이 사람아

모기 덕에
독립한 나라가 있다고?

덥고 습한 날씨로 잠 못 들고 뒤척이는 밤, 귓가를 울리는 소리가 있지요. 웨에엥~~~ 바로 한여름 밤의 불청객 모기입니다. 모기는 이렇게 우리를 귀찮게 할 뿐 아니라, 때로는 병을 옮기기도 합니다. 말라리아, 뎅기열, 지카바이러스 등, 심하면 사망까지도 이르게 할 수 있지요. 그런데 모기 덕분에 암울한 식민지의 역사에서 해방된 나라가 있다는 것을 알고 있나요? 바로 아이티 공화국입니다.

아이티 공화국은 중앙아메리카의 카리브해 연안 히스파니올라섬 서쪽에 있는 나라입니다. 덥고 습한 열대 기후 지역으로 전체 인구의 95%는 아프리카 출신 흑인이지요. 언어는 주로 프랑스어를 사용하고 있는데요. 인디오들이 살고 있어야 할 땅에 왜 프랑스어를 사용하는 흑인이 살고 있는지 궁금하지 않나요?

달콤한 설탕 농장의
쓰디쓴 노예 노동

신항로 개척 이후 처음 이 지역을 점령했던 에스파냐인들은 '히스파니올라섬'이라는 이름을 붙여 주었어요. 다시 프랑스의 식민지가 되자 '생 도밍고섬'이라고 부르게 되었지요. 프랑스는 이곳에서 사탕수수를 플랜테이션 작물로 재배해 설탕을 만들었어요. 플랜테이션(plantation)이란 열대 기후 지역에서 원주민의 값싼 노동력과 식민 지배 국가의 자본을 이용하여 상업적인 작물을 대량으로 생산하는 것을 말해요. 설탕을 만들기 위해서는 우선 잘 익은 사탕수수 줄기를 분쇄해서 설탕즙을 짜낸 후 진하게 졸입니다. 이때 얼마나 빠른 시간 안에 작업을 해 내는지가 가장 중요하지요. 당연히 값싸고 많은 노동력을 동원해서 짧은 시간 안에 생산해야만 했어요.

그런데 뜻하지 않은 큰 문제가 생겼어요. 이곳에 살던 원주민들이 천연두에 걸려 하나둘씩 죽어 가기 시작한 거예요. 천연두는 유럽인들이 퍼뜨린 질병이었는데, 결국 노동력 부족으로 유럽인들을 곤경에 빠뜨렸지요. 그리고 살아남은 사람들도 고된 노동에 시달리다가 죽어 갔어요. 사탕수수 농장에서 막일을 하려는 유럽인은 없었지요. 그래서 그들은 생각했어요. '아프리카 흑인들을 노예로 데려오자!'

하이~

봉주르~

올라~

상인들은 유럽에서 만든 구슬이나 면직물을 아프리카에 주고, 대신에 아프리카 흑인 노예를 아메리카로 데려갔어요. 그러고는 노예를 다시 아메리카의 설탕, 커피, 담배, 면화와 맞바꾸었지요. 유럽에 필요한 설탕을 얻기 위해서 결국 유럽·아프리카·아메리카를 연결하는 삼각무역을 하게 된 거예요. 남아메리카가 주로 노예 노동에 의한 커피 농장이 되었다면, 중앙아메리카는 설탕 농장이 되었어요. 노동에 시달리던 노예가 죽으면 더 많은 노예를 데려오는 노예 무역이 계속됐어요.

이집트 집모기가 옮긴 황열병

점점 많은 아프리카 흑인 노예들이 섬에 들어오면서 유럽인들에 비해 압도적으로 수가 많아지기 시작했어요. 인구 구조에 큰 변화가 생긴 후, 힘든 일에 지친 노예들의 불만도 늘어만 갔어요. 마침 1789년 프랑스 혁명 소식도 전해졌어요. '모든 인간은 자유롭게, 그리고 평등하게 태어났다'는 프랑스 인권 선언은 식민지 노예들에게도 희망이 되었어요. 하지만 일시적인 강화 기간을 제외하고 프랑스는 이 섬의 독립을 인정하지 않았어요.

프랑스에 나폴레옹이 있었다면, 생 도밍고섬에는 검은 나폴레옹이라고 불리는 투쌩 루베르튀르가 있었지요. 그를 중심으로 곳곳에서 독립을 위

'검은 나폴레옹'이라 불리며 아이티 독립 운동을 이끈 투사, 투쌩 루베르튀르의 모습을 담은 그림.

한 반란이 일어나 농장에 불을 지르고 백인들을 죽이기 시작했어요. 프랑스는 반란군을 진압하기 위해 르클레르 장군이 지휘하는 3만 3000명의 군대를 보내왔어요. 군인들이 먹을 식량은 북아메리카에 있는 프랑스령 루이지애나에서 대량으로 가져왔지요.

그런데 뜻하지 않은 큰 문제가 또 생겨났어요. 프랑스 군인들이 고열에 시달리다가 죽어 가기 시작한 거예요. 황열병이었어요. 일단 감염되면 열이 나고, 눈이 안 보일 정도로 두통이 심하며, 격한 구토와 출혈이 나타나지요. 독성기가 되면 위장 안에서 검게 변한 피가 입 밖으로 튀어나오면서 피부가 노랗게 변하다가 14일 이내에 절반이 죽게 되는 위험한 병이랍니다. 프랑스 군인들이 걸리는 이 병에 왜 흑인 노예들은 걸리지 않았을까요?

황열병은 이집트 숲모기가 옮기는 아르보바이러스가 원인인데요. 이 모기는 노예 무역선에 붙어서 아메리카 대륙까지 왔지요. 일단 한번 걸리면 면역이 생기기 때문에 아프리카 출신 노예들보다는 처음 겪어 보는 프랑스 군인들에게 치명적이었어요. 결국 르클레르 장군을 비롯한 90%의 프랑스

이집트 숲모기. 지카 바이러스와 뎅기·치쿤구니아 열병을 옮긴다.

군인이 사망하고, 식민지의 독립을 인정하게 됩니다. 그리고 이때 생긴 손해를 해결하기 위해 1803년 루이지애나를 미국에 헐값으로 팔아 버리게 되지요. 덕분에 미국 영토는 두 배 이상 넓어졌고요.

1804년, 라틴 아메리카 최초 독립국가 아이티 공화국이 탄생했어요. 하지만 독립 후에도 사탕수수 한 가지만 집중 재배하던 플랜테이션의 잔재가 남아 경제는 어렵고, 정치는 혼란하기만 합니다. 게다가 2010년에 일어난 대지진으로 인해 아직도 극복해야 할 일들이 산더미처럼 쌓여 있지요.

우리는 중국이 아니라 홍콩이거든!

2014년 가을, 뉴스에서는 노란 우산을 쓴 홍콩 시민들을 자주 볼 수 있었어요. 비도 오지 않는데 이들이 우산을 들고 나선 이유는 뭘까요? 그건 바로 중국에 속해 있으면서도 중국과는 다른 홍콩을 지키기 위해서였답니다. 이들의 시위는 경찰이 쏜 최루탄을 우산으로 막아 내 '우산혁명'이라고도 불려요. 시위에 나선 홍콩 시민은 중국의 정치적 간섭에서 벗어난 '홍콩의 민주화'를 요구했지요.

사실 그동안 홍콩은 중국의 역사적 상황에 따라 운명이 달라지곤 했습니다. 현재 '중화인민공화국 홍콩특별행정구'라는 이름으로 중국에 속해 있지만, 외교·국방을 제외한 나머지 제도는 자율적으로 운영해요.

그렇다면 홍콩은 왜 중국과 다른 모습을 갖게 되었을까요?

영국 아편에 중독된 중국인들

19세기, 산업 혁명에 성공한 서양의 여러 나라는 공장에서 만든 물건을 판매할 시장을 찾아 아시아에 진출했어요. 당시 중국을 지배하던 청나라는 드넓은 영토와 많은 인구, 풍부한 자원을 가져 남부러울 게 없었지요. 청나라 황제가 "중국에는 무엇이든 다 있기 때문에 무역이 필요 없다. 필요하다면 교류하겠지만, 어디까지나 우리가 오랑캐에게 은혜를 베푸는 것이다."라고 말했을 정도예요. 서로 사고파는 무역이 아니라, 일방적으로 중국에 은을 주고 물건을 사야 하는 상황이었습니다. 그중에서도 중국의 차(茶)를 마시는 것이 일상생활이 된 영국이 가장 심각했어요. 당시 어마어마한 양의 은이 영국에서 중국으로 흘러들어갔거든요.

이 문제를 해결하기 위해 영국의 동인도회사는 식민지 인도에서 재배한 아편을 중국에 수출했어요. 중독성이 강한 마약의 일종인 아편이 중국에 들어가면서 무역의 흐름이 달라지기 시작했습니다. 중국에 아편 중독자가 점점 늘어나 19세기 중반 약 4만 상자의 아편이 수입되었지요. 학자들은 당시 중국에 400만 명가량의 아편 중독자들이 있었을 것으로 추정해요. 곳곳에 아편을 피우는 아편굴이 생기고, 중독자들은 아편을 사기 위해 집과 땅, 심지어 아내와 자식까지 팔았어요. 이제는 중국의 은이 영국으로 마구 흘러가기 시작했습니다. 세금으로 낼 은이 점점 줄어들자, 사람들은 도망치거나 도적 떼에 가담했어요. 관리들은 부정부패를 일삼고, 군대의 기강은 무너졌지요. 중국인의 몸과 정신이 모두 망가져 버렸어요. 반면 영국에게 아편 무역은 황금알을 낳는 거위와 같았습니다.

우리는 중국이 아니라 홍콩이거든!

아편전쟁에 승리해
홍콩을 빼앗아 간 영국

　　청나라 황제는 임칙서(林則徐)라는 신하를 광저우에 파견하여 아편 문제를 뿌리 뽑게 했어요. 임칙서는 자신이 할 수 있는 모든 방법을 동원하여 이 문제를 해결하고자 했지요. 외국 상인의 아편을 몰수하고, 다시는 팔지 않겠다는 각서를 쓰게 했어요. 그렇게 빼앗은 2만 상자가 넘는 아편 가루를 구덩이에 넣고 석회와 섞어 바다로 흘려보내는 데만 20일 넘게 걸렸습니다. 강하게 저항하는 영국 상인에게는 물과 식량 보급을 끊고, 모든 무역을 금지했어요.

　　그러자 화가 난 영국인은 본국에 청나라와의 전쟁을 요구합니다. 결국 1840년 영국과 청나라 사이에 아편전쟁이 일어나요. 영국은 아편을 더 판매하겠다는 비도덕적인 목적을 숨기고, '정상적인 무역을 위한 전쟁'이라

청나라의 임칙서는 아편 문제를 해결하기 위해, 아편 가루를 바다로 흘려보냈다.

는 핑계를 댔어요. 2년 동안 계속된 전쟁으로 중국의 동남 해안가 일대는 쑥대밭이 되었습니다. 나무로 만든 낡은 배에 보잘것없는 화포를 장착한 중국과 달리 영국 함대는 당시 최신식 3단 화포를 발사하는 증기선을 갖고 있었거든요.

전쟁은 영국의 일방적 승리로 끝났고, 1842년 8월 '난징조약'이라는 불평등조약이 맺어졌어요. 중국은 상하이, 샤먼, 푸저우, 닝보, 광저우 등의 항구를 더 개방해야 했고, 배상금을 포함하여 2100만 달러라는 큰돈을 지불하게 되었어요. 그리고 홍콩을 영국에 빼앗겼답니다. 홍콩은 아시아로 연결되는 길목에 있는 요충지였거든요.

자신들이 세상의 중심이라고 여겼던 중국의 자존심은 사정없이 짓밟혔어요. 게다가 난징조약은 정작 중요한 아편 무역에 대한 규정은 하나도 찾아볼 수 없는 조약이었지요. 이렇게 홍콩이 영국에 넘어간 뒤, 제2차 아편전쟁을 거치면서 홍콩의 경계 확정을 위한 조약이 체결되었어요. 1898년 신제(중앙 홍콩섬과 신주룽을 제외한 홍콩 외곽 지역)와 235개의 섬을 99년간 영국에 빌려준다는 약속이 맺어졌습니다.

이후 중국이 열강의 간섭을 받으며 고단한 역사를 이겨 내는 동안, 홍콩은 영국의 지배 아래 자본주의 경제를 성장시켰어요. 1941년부터 1945년까지 일본의 지배를 받기도 했지만, 다시 영국 땅이 된 뒤로는 아시아 금융·무역의 허브로 자리 잡았지요. 그리고 약속한 99년이 끝난 1997년 7월 1일, 영국 식민지가 된 지 155년 만에 홍콩은 다시 중국 영토가 되었습니다. 이때 홍콩에 50년간 외교·국방을 제외한 분야의 자치(自治)를 허용한다는 협정이 맺어졌고요. 이렇게 1국가 2체제의 '홍콩특별행정구'가 탄생했답니다.

100년 넘게 서로 다른 역사와 문화를 지니고 산 이들이 하루아침에 하나가 되기란 쉽지 않을 거예요. 오늘날 국제사회가 요구하는 대화와 타협, 약속을 지키려는 태도가, 홍콩을 품은 중국에 필요하지 않을까요?

하나의 국가에 두 체제, 계속 공존할 수 있을까?

홍콩은 1984년 12월 19일 중국과 영국이 조약을 맺으면서 1997년 7월 1일 중국에 반환됐어요. 그리고 '일국양제'(一國兩制), 즉 하나의 국가에 두 체제가 공존하도록 특별행정구를 설립했지요. 이후 50년 동안은 중국의 체제를 따르지 않고 현재의 체제를 그대로 유지하기로 한 거예요.

영국의 식민지이긴 했지만, 그들 나름의 생활과 문화를 누리던 홍콩인들은 하루아침에 중국으로 편입되는 걸 받아들이기 힘들었어요. 물론 홍콩은 자유민주주의 체제를 유지하면서, 중국의 사회주의 중앙정부와 구별되어 통치되고 있기는 해요. 하지만 실제로 중국에 우호적인 이들이 행정, 입법 등에서 중요한 자리를 많이 차지하고 있고 중앙정부의 영향력이 커져서, 앞서 살펴본 '우산혁명'과 같은 저항이 점차 잦아지게 됐지요. 그리고 경제 면에서도 중국 대륙 관광객의 소비가 없다면 홍콩 경제에 큰 타격이 있을 만큼, 중국의 영향력이 막강해요.

최근에는 중국 중앙정부가 '일국'(하나의 중국)을 강조하고 있어서 더욱 갈등이 심해지고 있고요. 홍콩 내부에서도 중국에 어떤 태도를 갖느냐에 따라 여러 파로 나뉘어 맞서고 있는 상황이에요.

우리가 이 문제를 바라볼 때 어느 한쪽이 옳다고 편을 들기는 쉽지 않겠지요. 다만 평범한 시민들의 민주주의에 대한 열망은 소중한 것이고, 어떤 경우에도 폭력적인 방식으로 억압해서는 안 된다는 걸 기억하면 좋겠어요.

2014년 홍콩 도심의 시위 장면. 시민들이 색색깔 우산을 들고 참여했다. ⓒStudio Incendo / flickr

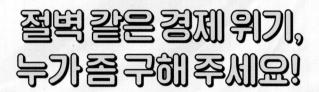

절벽 같은 경제 위기, 누가 좀 구해 주세요!

스페인, 그리스 등 남부 유럽의 나라에서는 2009년부터 시작된 경제 위기를 극복하지 못하고 청년 실업률이 최고 55%를 돌파했다고 합니다. 실업률이란 경제 활동을 하는 연령의 사람들 중에 일을 하고 싶어도 일자리를 구하지 못하는 사람의 비율을 말하는데요. 높은 실업률은 경제 발전에 걸림돌이 되고 있어요.

최근 미국에서도 재정 절벽(Fiscal Cliff)이라는 말이 등장했는데요. 정부가 벼랑 아래로 떨어지듯 재정을 확 줄였을 때 마치 절벽을 맞닥뜨린 것처럼 경제에 위기가 발생했다는 의미입니다. 물론 우리나라 역시 예외가 아니지요. 2017년 실업자 수와 청년 실업률이 역대 최고 수준을 기록했다고 합니다.

이렇듯 전 세계인을 절벽 아래로 떠미는 듯한 경제위기는 역사 속에서 반복되며 이어져 왔습니다.

'보이지 않는 손'에서 뉴딜 정책으로

제1차 세계 대전(1914~1918)이 끝나고 미국은 번영을 누리게 되었어요. 전쟁 중에 무기를 판매해서 큰돈을 벌었고, 전쟁이 끝난 후에는 경제가 어려워진 유럽 여러 나라에 돈을 빌려주면서 세계 경제를 주도했어요. 공장에서 만든 물건들은 날개 돋친 듯 팔려 나갔지요. 상품이 안 팔리면 어쩌나 하는 걱정은 하지 않았어요. 돈이 없어도 할부를 이용하면 괜찮았거든요. 주식 투자 열풍이 불면서 단숨에 큰돈을 버는 사람들이 등장했습니다. 돈이 없으면 은행에서 대출을 받아 주식을 샀지요. 미국은 누구나 능력만 있으면 부자가 될 수 있는 기회의 땅이라는 아메리칸드림이 만들어졌어요.

그런데 너무 많은 공장이 생겨 경쟁이 치열해지다 보니 팔리지 않는 물건들이 생겨났고, 주식을 발행해도 팔기가 어려워졌어요. 1929년 10월 24일 목요일. 주식을 팔려는 사람들이 뉴욕 증권가인 월 스트리트로 몰려들면서 주식값이 폭락한 이날을 '검은 목요일'이라고 부릅니다. 회사와 공장, 은행이 문을 닫았고, 거리에는 팔리지 않는 물건과 실업자만 넘쳐났습니다. 사람들은 식량을 배급받기 위해서 길게 줄을 서야만 했고, 폭동이 일어나기도 했습니다.

미국에서 시작된 경제 혼란은

대공황 시기 캐나다 토론토의 실업자들이 식량을 배급받기 위해 길게 줄을 서 있다.

세계를 휩쓸었고, 대공황을 불러왔어요. 자본주의에서는 '보이지 않는 손'과 같은 힘이 모든 경제 문제를 해결하기 때문에 정부는 나서지 말라는 것이 당시 생각이었답니다.

1933년 미국의 새로운 대통령으로 당선된 사람은 바로 프랭클린 루스벨트였어요. 그는 국민들에게 새로운 제안, 즉 '뉴딜(New Deal)' 정책을 약속했어요. 이제부터 정부가 경제 문제에 직접 개입하겠다고 선언한 거예요. 루스벨트는 실업자들에게 일자리를 주기 위해서 정부 차원의 큰 공사를 벌였어요. 잦은 범람으로 농사가 어려웠던 테네시강 유역에 16개의 댐을 만들었고, 도로·다리·공항을 건설한 후 작게는 나무 심기, 산불 끄기 일자리를 제공했어요. 농업 생산량을 조절하고, 남는 농산물은 정부에서 사들여 농민을 보호했지요. 노동자들의 권리를 보호하기 위해서 법을 만들고, 최저 임금 제도를 만들어 노동자들의 인간다운 삶을 보장해 주었어요. 65세 이상 노인에게는 연금을 주고, 실업자들에게도 실업 수당을 주었어요. 이러한 돈을 마련하기 위해서 기업과 부자들에게 높은 세금을 부과했지요.

정부가 경제 문제에 적극적으로 개입하는 이 정책이 성공하여 수정 자본주의의 모델이 되었고, 점차 발전해서 복지국가라는 개념이 생겨났어요.

정부와 기업이 함께 나서야 해!

전 세계로 퍼진 경제 위기에 대한 해결 방법은 나라마다 달랐어요. 식민지를 많이 거느린 영국과 프랑스는 식민지를 블록으로 묶어서 상품을 팔고, 외국 상품 수입을 금지하는 정책을 실시했어요.

하지만 식민지가 없거나 적은 나라들은 물건을 만들어도 수출을 할 수 없었어요. 독일과 이탈리아, 일본에서는 경제 위기 극복을 빌미로 국가와 민족의 이익을 가장 중요한 가치로 여기는 전체주의 사상이 등장해서 이웃 나라를 침략했지요. 결국 제2차 세계 대전이라는 비극적인 결과를 낳았답니다.

요즘 우리는 다른 나라의 경제 정책에 귀를 쫑긋하는 일이 많습니다. 경제 위기 원인이 모두 같을 수 없기 때문에 해결책도 모두 다르겠지요. 경제 활동 주체이자 조정자로서 정부 역할은 매우 중요합니다. 요즘에는 정부뿐 아니라 일반 기업들에게도 사회에 긍정적인 영향을 주는 책임감이 요구되고 있어요.

더불어 어려운 사람들에게 일자리와 서비스를 제공하는 사회적 기업도 등장했습니다. 사회적 기업이란 노숙자 재활을 위해 잡지를 만드는 기업, 저소득층 청소년을 고용하는 아이스크림 기업, 재활용품을 기증받아 판매하는 기업, 장애인이 만든 쿠키를 판매하는 기업 등 새로운 일자리를 통해서 복지를 실현하는 기업을 뜻합니다.

영국 본머스의 거리에서 노숙인 재활을 위한 잡지 〈빅 이슈〉가 판매되는 모습.
노숙인이 직접 판매를 맡는 것이 특징이다. ©Hillbillyholiday81

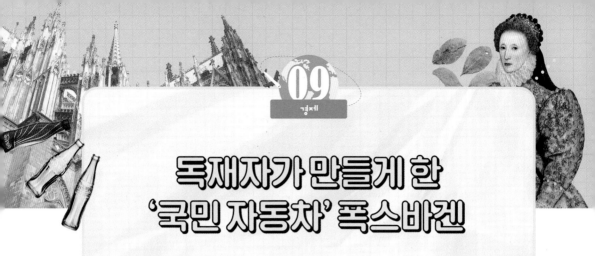

독재자가 만들게 한
'국민 자동차' 폭스바겐

우리 생활을 편리하게 하는 발명품에는 무엇이 있을까요? 컴퓨터, TV, 냉장고, 휴대전화, 비행기 등 여러 가지가 있겠지요? 하지만 뭐니 뭐니 해도 '자동차'를 빼놓을 수 없을 거예요. 전 세계 수많은 사람이 매일 자동차를 이용한답니다.

하지만 자동차는 환경오염 등 여러 가지 문제를 일으키기도 해요. 그래서 최근엔 연료 소비가 적은 소형차나 환경 오염을 일으키지 않는 그린카(green car)에 대한 관심이 높아졌답니다. 지난 2014년 방한한 프란치스코 교황도 '가장 작은 한국 차를 타고 싶다'며, 4박 5일간 소형차를 타고 우리 국민을 만났지요. 작은 차에 탄 사람의 큰 인품이 돋보였습니다.

이번에는 우리 생활 속 필수품으로 자리 잡은 자동차에 얽힌 역사 이야기를 들려줄게요.

자동차는 '쇠로 만든 당나귀'?

르네상스 시대를 대표하는 화가이자 과학자, 발명가였던 레오나르도 다빈치는 장난감처럼 태엽을 감아서 움직이는 자동차를 만들었어요. 움직일 때마다 태엽을 감아 주기가 쉽지 않았겠지요? 아주 멀리 가기도 어려웠을 테고요.

1600년경 네덜란드의 시몬 스테빈은 바람의 힘으로 움직이는 풍력 자동차를 발명했는데, 이 자동차는 바람의 반대 방향으로는 절대 달릴 수 없다는 문제가 있었어요.

최초의 자동차로 널리 인정받은 것은 프랑스의 니콜라 퀴뇨가 1769년에 만든 증기 자동차예요. 앞바퀴 하나와 뒷바퀴 두 개로 시속 5km의 속도를 냈는데, 브레이크가 없어서 처음 운전하던 날 교통사고가 나고 말았대요. 그래서 사람을 죽이는 기계로 알려져 널리 활용되지 못했어요.

독일의 칼 벤츠와 고트리브 다임러가 가솔린 엔진을 장착한 자동차를 발명하기 전까지 자동차는 쇠로 만든 당나귀 취급을 받기 일쑤였지요. 두 사람이 만든 다임러-벤츠는 메르세데스 벤츠를 생산하는, 세계에서 가장 오래된 자동차 회사가 되었답니다.

20세기 초, 미국의 포드사에서 자동차를 대량으로 생산하기 시작했지만, 가격이 비싸 누구나 가질 수는 없었어요. 게다가 이 무렵 전 세계에 경제 대공황이 광풍처럼 불어닥쳐 유럽 경제는 속수무책으로 스러져 갔습니다. 특히 제1차 세계 대전에서 패배하여 어마어마한 배상금을 물어 줘야 했던 독일은 실업자가 증가하면서 소련과 같은 사회주의 국가를 만들어 보겠다는 움직임까지 등장하여 사회가 무척 혼란스러웠어요.

그러다가 1933년 나치당의 우두머리인 아돌프 히틀러가 독일 총리 자리에 오르면서 큰 변화가 나타났어요. 히틀러는 "무너진 독일의 자존심을 회복하기 위하여 잃어버린 땅을 되찾고, 사회주의로부터 독일을 지키며, 경제 공황의 위기를 극복해 아리아인의 영광을 되찾자."라고 연설했어요. 사람들은 히틀러의 연설에 열광했고, 이를 위해 여러 가지 조치가 취해졌어요. 600만 명이 넘는 실업자를 다 구제할 수는 없었지만, 무기 공장이나 군대, 도로 공사 등에 많은 사람을 투입했지요. 독일의 자동차 전용 고속도로인 '아우토반'의 기초를 닦으며 산업을 일으켰어요.

히틀러의 명령으로 '국민 차' 폭스바겐을 만든 자동차 공학자 페르디난드 포르셰. ©Bundesarchiv, Bild 183-2005-1017-525

전쟁 무기로 악용된 '국민 차'

히틀러는 경제가 살아났다는 증거를 보이기 위해 전에 없던 '국민 차 프로젝트'를 진행했어요. 자동차 공학자로 이름이 높았던 페르디난드 포르셰를 만나 누구나 부담 없는 가격으로 살 수 있는 튼튼하고 안전한 차를 만들라고 지시했지요. 그런데 여기에 특별한 조건이 추가되었어요. 성인 2명과 어린아이 2~3명이 충분히 탈 수 있을 것, 시속 100km의 속도로 달릴 수 있을 것, 연비가 뛰어날 것, 마지막으로 가격이 1,000마르크 이내일 것이었지요.

1938년 드디어 자동차가 완성되었어요. 한눈에 보아도 동글동글 귀여

독재자가 만들게 한 '국민 자동차' 폭스바겐

전쟁 후 폭스바겐은 일반 승용차로 재탄생했고, 오늘날까지도 가장 인기 있는 자동차 중 하나이다.

운 모양에 시속 97km까지 안정적으로 달릴 수 있는 앙증맞은 작은 차였어요. 히틀러는 이 차에 'KdF(Kraft durch Freude)-wagen'이라는 거창한 이름을 붙였습니다. '기쁨의 힘 자동차'라는 뜻이지요. 자동차를 만든 포르셰는 '국민 차'라는 뜻의 독일어로 '폭스바겐(Volkswagen)'이라 불렀고요.

히틀러는 독일 국민에게 저축 운동을 통해 900마르크®의 우표를 사면, 이 자동차를 한 대씩 받을 수 있다고 선언했어요. 부의 상징이었던 자동차를 누구나 가질 수 있다는 말에 독일 국민 모두가 너 나 할 것 없이 우표를 사들였지요.

하지만 이 돈은 고스란히 제2차 세계 대전의 전쟁 비용으로 들어가 버렸어요. 폭스바겐은 전쟁터에서 다양한 용도로 활용되었고요. 결국 국민 차의 꿈은 지키지 못할 약속으로 허무하게 사라져 버렸답니다.

제2차 세계 대전은 또다시 독일의 패배로 막을 내렸어요. 히틀러의 지시로 폭스바겐을 설계한 포르셰는 전범으로 2년 동안 감옥살이를 했지요. 하지만 전쟁 후 승용차로 재탄생한 폭스바겐은 우수성을 인정받으며 미국에서 큰 인기를 끌게 됩니다. 그리고 다양한 디자인과 성능으로 진화하여 오늘날 가장 인기 있는 자동차 중 하나가 되었답니다. 우리가 매일 타는 자동차에도 여러 가지 역사가 얽혀 있다니, 참 신기하지요?

마르크 ○●●

마르크(줄여서 DM)는 서독(1948~1990)과 독일(1990~2002)에서 사용하던 예전 통화이다. 2002년 2월 28일까지만 유로와 함께 쓸 수 있었고, 1유로는 1.95583마르크이다. 참고로 저축 운동 당시 독일 국민의 평균 주급은 32DM이었다고 한다.

포탄 아래서 마시는
콜라 맛 어땠을까?

톡 쏘는 짜릿함과 혀끝에 맴도는 청량감으로 즐거움을 주는 검은 음료라고 하면 무엇이 떠오르나요? 곧바로 콜라를 떠올릴 수 있을 거예요. 많은 소비자에게 사랑받는 콜라는 소비문화를 대표하는 아이콘으로 꼽히지요. 콜라는 코카콜라와 펩시콜라라는 다국적 기업을 주축으로 생산되고 있어요.

2015년은 허리가 잘록하게 들어간 코카콜라 병이 만들어진 지 꼭 100년이 되던 해예요. 그해 미국 애틀랜타에 있는 코카콜라 본사에서는 그간 콜라병이 어떻게 변해 왔는지 보여 주는 전시회를 열기도 했지요.

그런데 이 코카콜라가 처음 만들어졌을 때 약국에서 팔았다는 사실을 알고 있나요? 게다가 세계적인 음료가 된 계기는 2차 세계 대전 중에 전투 식량으로 사용했기 때문이랍니다.

약, 술, 그리고 우정의 음료

1886년 미국 조지아주 애틀랜타의 약사 존 S. 펨버튼은 큰 솥에 설탕, 캐러멜과 이것저것을 넣어 약을 만들고 있었어요. 코카 나뭇잎과 콜라나무 열매를 넣고 탄산수를 첨가한 순간 코카콜라가 만들어졌지요.

만병통치약이라고 이름 붙은 약들이 신문 광고의 절반을 차지하던 그 시절, 코카콜라는 두통과 위장병, 피로 해소에 효과가 있다고 소문이 났지요. 때마침 금주법 시행으로 술을 마시지 못하게 된 사람들이 술 대신 마시기 시작하면서 크게 인기를 끌었어요.

코카 잎. 코카나무는 본래 페루, 볼리비아에서 자란다.

펩시콜라 역시 처음에는 약사였던 C. 브래드햄이 소화제로 만들었어요. 펩시라는 이름도 소화불량(dyspepsia)에서 온 말이에요. 콜라의 인기는 광고와 시음 행사를 통해서 미국 전역으로 확대되어 갔습니다.

누구나 마실 수 있는 음료가 된 가장 큰 계기는 바로 제2차 세계 대전이었어요. 전쟁의 피로감을 이기기 위해 껌, 초콜릿과 함께 미군이 가는 곳이면 세계 어디에나 보급됐지요. 포탄에 휩싸인 전쟁 현장 속에서 미군들은 병 밑바닥에 새겨진 고향을 그리워하며 콜라를 자유의 상징으로 여겼다고 해요. 서로 말이 통하지 않는 연합국 군인들은 콜라를 주고받으며 우정을 나누기도 했어요. 전쟁이 끝나고 나서 콜라는 세계인의 음료가 됐지요.

다양한 모양의 코카콜라 병. ©Wilerson S Andrade

전투 식량에서
세계인의 음식으로

　　　　　　　이렇게 전쟁을 통해서 세계인의 음식이
된 전투 식량이 우리 주변에 많이 있어요. 전투 식량은 조리와 운반이 쉽고
영양가가 높아야 해요. 특히 전쟁이 길어지거나 멀리 원정할 경우 더욱 그
렇지요. 그 옛날 유목 민족은 말 안장 옆 주머니에 말린 육포를 지니고 다니
며 농경 민족을 공격했어요. 카이사르가 이끌던 로마 군대는 돼지고기를 훈
제한 햄과 소시지를 먹었어요. 영국군은 소금에 절인 청어를 먹었지요. 스
페인의 대표 음식인 하몽, 우리나라의 미숫가루와 일본의 주먹밥 역시 전쟁
터에서 유용했어요.

　본격적인 전투 식량이 처음 등장한 것은 1800년대예요. 유럽 전체를 종
횡무진 누비던 나폴레옹은 '프랑스 산업 장려 협회'를 만들어 1만 2000프
랑의 상금을 내걸었어요. 뛰어난 프랑스 인재들을 모아 전쟁에 필요한 과학

기술의 도움을 받기 위해서였지요.

이때 N. 아페르는 샴페인 병에 양배추, 브로콜리, 양파, 당근을 넣어서 코르크 마개로 막은 후 끓는 물에 살균하는 병조림을 개발해 1809년 상금을 거머쥐었어요. 병조림을 사용하자 음식을 따로 조리하지 않아도 되니 식사 시간이 짧아졌고요. 물론 병사들이 운반해야 하는 보급품의 무게도 훨씬 가벼워졌고요. 그 덕분에 나폴레옹 부대의 이동 속도는 놀라울 정도로 빨라졌다고 해요. 총이나 대포 못지않은 새로운 무기 역할을 톡톡히 해냈지요.

전쟁에 지고 있던 영국은 병조림을 능가하는 새로운 전투 식량이 필요했어요. 병조림보다 가볍고 튼튼한 그 무엇. 바로 통조림이었어요. 주석을 이용해 녹슬지 않는 통조림을 처음 만든 사람은 P. 듀랜드예요. 병조림보다 훨씬 오래 음식을 보관할 수 있었고, 깨지지도 않았지요.

통조림이 본격적으로 활용된 건 미국의 남북전쟁인데요. 지금은 비싼 해산물인 바닷가재나 연어 통조림이 만들어졌어요. 당시에는 가장 저렴하고 흔한 재료였다고 하니 시대와 장소에 따라 다른 희소성이 참 놀랍지요. 통조림을 기반으로 제1차 세계 대전과 제2차 세계 대전을 거치면서 군인들은 개별 포장된 전투용 개인 식량을 배급받았고, 훨씬 균형 잡힌 식사를 하게 됐어요. 이제는 통조림이 무겁고 제작 단가가 너무 비싸다는 게 흠이 됐지요.

1960년대부터 본격 연구에 들어가서 이후 성공적으로 만들어진 것이 바로 레토르트 식품이에요. 우리가 아는 전자레인지용 음식과 3분 요리들 같은 거지요. 발열 팩을 넣어 순식간에 음식을 조리하는 방법도 개발됐고요.

간편하게 식사할 때, 바깥 활동을 할 때 손쉽게 활용할 수 있는 식품 속에는 이렇듯 전쟁의 역사가 숨어 있답니다.

나폴레옹이 전쟁 중 식품 보존 방법을 찾기 위해 현상금을 걸자, 프랑스의 제과업자이자 발명가인 아페르는 병조림을 만들었다. ©Jpbarbier

N E W S

3

사회
교육

오직 전쟁을 위해 키워진 스파르타 소년들

여러분은 헬리콥터맘, 타이거맘, 스칸디맘 같은 단어들을 들어 봤나요? 자녀 교육에 열정을 지닌 부모의 서로 다른 모습을 표현하는 말들이에요. 이 중 타이거맘은 마치 호랑이처럼 자녀를 엄격하고 혹독하게 가르치는 엄마를 말해요. 스칸디맘은 자녀와의 정서적 소통이나 바른 인성, 책임감, 자율성 등을 중시하는 엄마를 뜻하고요. 하지만 이렇게 양육 태도가 달라도 자식을 위하는 부모 마음은 다 똑같을 거라고 생각합니다.

이번엔 고대 그리스의 도시국가였던 스파르타의 교육법을 살펴볼 거예요. 스파르타는 아이를 국가 소유로 여기며, 국가가 나서서 엄격한 교육을 했답니다.

스파르타의 왕이었던 레오니다스 동상.

도둑질과 거짓말을 가르치는 학교?

먼 옛날 스파르타의 어느 집에 사내아이가 태어났다고 해 봅시다. 아이는 태어난 지 얼마 되지 않아 공회당에서 신체검사를 받아요. 건강하다고 판정되면 부모의 품으로, 그렇지 못하면 골짜기에 버려집니다. 스파르타에서는 아이가 병약하면 부모와 국가 모두에게 짐이 된다고 생각했기 때문이에요. 부모 품으로 돌아간 아이는 일곱 살이 될 때까지 공놀이, 수레바퀴 굴리기, 그네 타기 등을 하며 즐겁게 생활해요. 이때까지가 아이의 '황금기'라고 할 수 있어요.

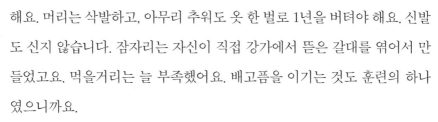

일곱 살이 되면 아이는 부모와 떨어져 국가가 운영하는 교육 기관에 들어갑니다. 여기서 아이들은 조를 짜서 조장을 중심으로 단체 생활을 해요. 머리는 삭발하고, 아무리 추워도 옷 한 벌로 1년을 버텨야 해요. 신발도 신지 않습니다. 잠자리는 자신이 직접 강가에서 뜯은 갈대를 엮어서 만들었고요. 먹을거리는 늘 부족했어요. 배고픔을 이기는 것도 훈련의 하나였으니까요.

게다가 너무 배가 고플 때에는 도둑질하는 것도 훈련에 포함되었다고 해요. 하지만 도둑질을 하다가 들키는 날에는 두들겨 맞아야 했어요. 도덕적

오직 전쟁을 위해 키워진 스파르타 소년들

으로 나쁜 짓을 했기 때문이 아니라 단지 들켰기 때문이에요. 그래서 철저하게 거짓말하는 법까지 배웠답니다.

이 모든 교육은 전쟁에 대비한 실전 훈련이었지요. 공부는 아주 기초적인 읽기와 셈하기 정도만 배웠습니다. 달리기, 말타기, 씨름, 창던지기 등 체육 시간에 배우는 과목이 가장 중요했어요. 아이는 오로지 용맹하고 국가에 충성하는 군인이 되도록 교육받았고, 제대로 하지 못할 땐 호된 벌을 받았습니다.

방패를 들고 돌아오든지, 방패 위에 얹혀서 돌아오든지

스무 살 즈음이 되면 본격적인 군대 생활이 이어져요. 전쟁이나 폭동이 일어나면 목숨을 걸고 싸웠고, 전쟁이 없을 때에도 계속해서 훈련받으며 어린아이들을 지도했어요. 서른 살이 되어서야 비로소 국가로부터 시민의 자격을 얻고 결혼할 수 있었지요. 하지만 이것은 기숙사 생활에서 벗어났다는 뜻이지, 군인을 그만둔다는 게 아니에요. 시민은 끊임없이 군사 훈련을 받으며 전투에 참가해야 했어요.

여자도 예외 없이 강한 체력 훈련을 받았습니다. 여자가 건강해야 튼튼한 남자아이를 낳고 기를 수 있으니까요. 또 남자들이 모두 전쟁터에 나갔을 때 반란이 일어나면 여자들이 나서서 진압해야 했고요. 스파르타의 어머니들은 전투에 나가는 아들에게 "방패를 들고 돌아오든지 아니면 방패 위에 얹혀서 돌아와라."라고 말했대요. 반드시 승리해서 집안의 수치가 되지 말라는 뜻이에요.

스파르타는 왜 이렇게 혹독한 교육을 했을까요? 스파르타의 독특한 인구

구성에서 그 이유를 찾을 수 있어요. 스파르타는 기원전 1200년경 펠로폰네소스 반도 남쪽으로 내려온 도리아인이 원주민을 정복하고 세운 나라예요. 당시 도리아인들은 자신들을 헤라클레스의 후손, 즉 '헤라클레이다이(Heraclides)'라고 불렀지요. 그들은 영토를 빼앗는 과정을 '헤라클레이다이의 귀환'이라고 부르며 정당화했어요.

스파르타 시민은 정치·외교·군사 활동을 담당하며, 아래 계급인 페리오이코이 계층에 수공업·무역 등 경제 활동을 맡겼어요. 또한 원주민의 후손을 '헤일로타이'*라고 부르며 억압하고 노예처럼 부렸습니다. 헤일로타이들이 자기 신분을 잊지 않도록 개가죽 모자와 가죽조끼를 입히고 매로 때렸대요. 이들을 매질하지 않는 시민은 국가에 벌금까지 내야 했어요.

> **헤일로타이 ◦●●**
> '습지에 사는 사람' 또는 '포로가 된 사람'에서 생겨난 말이라고 한다. 기원전 1100년경 스파르타인에게 정복된 모든 노예 신분을 가리킨다. 이들은 국가의 공유 재산으로 소속되어 있었다.

그런데 스파르타에는 이 세 가지 신분 중 헤일로타이의 수가 압도적으로 많았어요. 자신들보다 20배 가까이 많은 헤일로타이를 거느리고 살려니 스파르타 시민은 늘 불안했지요. 내부의 반란을 막고 외부의 적을 물리치려면 시민은 더욱 강해져야만 했어요. 그래서 전설 속 인물인 리쿠르고스가 강한 국가를 만들기 위해 세웠다는 법에 따라 엄격한 교육을 한 거예요. 강한 군대를 양성한 스파르타는 한때 그리스의 패권을 장악하기도 했지만, 엄하기만 하고 창의성을 배제한 교육 탓인지 그 위상은 그리 오래가지 못했어요.

여기도 선생, 저기도 선생, '선생님들' 전성시대

5월 15일은 스승의날이지요. 우리나라 스승의날은 한글을 만든 세종대왕이 태어난 날이라는 사실을 알고 있나요? 다른 나라들도 교육 발전에 힘쓴 사람이 태어난 날이나 숨진 날을 스승의날로 정하여 기념하고 있어요.

최근 중국에서는 공자가 태어난 9월 28일을 스승의날로 정하자는 움직임이 일고 있습니다. 사마천이 쓴 역사책 《사기(史記)》에 따르면, 공자는 제자를 3,000명 거느렸다고 해요. 제자가 아주 많았다는 의미이지요. 누구에게나 평등하게 교육했고, 제자의 특성에 따라 방법을 달리하여 가르쳤던 공자의 교육법은 오늘날에도 귀감이 됩니다.

그런데 공자가 활동하던 시기, 중국에는 공자 말고도 수많은 선생님이 있었어요. 이번에는 '춘추전국(春秋戰國)'이라고 하는 시대에 중국에서 어떤 선생님들이 활약했는지 살펴보기로 해요.

서로 경쟁하며
앞 다퉈 발전한 일곱 나라

춘추전국시대는 기원전 770년부터 진 나라가 중국을 통일한 기원전 221년까지 매우 혼란했던 시기를 말해요. 중국 역사상 가장 긴 분열의 시대였지요. 이 시기에는 수십 나라가 중국을 차지하려고 서로 다퉜답니다. 춘추시대에는 제(齊), 진(晉), 초(楚), 오(吳), 월(越) 등 다섯 나라가, 전국시대에는 제(齊), 초(楚), 진(秦), 연(燕), 위(魏), 한(韓), 조(趙) 등 일곱 나라가 세력을 떨쳤지요.

그런데 이 나라들이 끊임없이 전쟁을 하려면 많은 것이 필요했어요. 강한 군대와 많은 식량, 새로운 무기 그리고 지략을 갖춘 지도자 등 무엇 하나 빠짐없이 갖추어야만 강한 나라가 되어 살아남을 수 있었습니다. 우리가 이 시기에 주목해야 하는 이유도 바로 여기에 있어요. 당시 정치 상황은 매우 혼란했지만, 혼란한 만큼 많은 분야에서 큰 발전을 이루었거든요.

기원전 260년경 전국시대 일곱 나라의 지도.

이 시기 사람들은 불의 온도를 높이고 철을 다루는 기술을 알게 되면서 새로운 무기와 농기구를 만들기 시작했어요. 농사에 소를 이용하기도 했고요. 땅을 더 깊이 갈아 농사를 짓게 되자 곡식 생산량이 증가하고 인구도 늘어났습니다. 먹고 남는 곡식을 거래하면서 화폐와 시장이 생겨났지요.

칼이나 농기구 모양 화폐가 통용된 것으로 보아 당시 사람들은 실제 사용하는 물건 모양을 본떠 화폐를 만든 것 같아요. 철로 만든 무기를 들고 전쟁터에 나설 때에는 겁나는 게 없을 정도였답니다. 전쟁 규모가 커지고, 중국 영토도 넓어졌어요. 철을 사용하기 시작하면서 경제와 사회가 몰라보게 발전한 거예요.

농기구인 삽의 형태로 만든 화폐, 공수포.

어떤 선생님이 가장 마음에 드나요?

한편 각 나라 제후들은 국적과 신분을 따지지 않고 인재라고 여겨지는 학자를 받아들여 벼슬을 주었어요. 신분보다는 능력이 중요한 사회였지요. 많은 학자가 강하고 부유한 나라를 만들기 위한 아이디어를 가지고 이 나라 저 나라를 찾아다녔습니다.

학자와 선생님에게는 존경한다는 의미로 '자(子)'라는 칭호를 주었는데, 이때 공자(孔子), 맹자(孟子), 노자(老子), 장자(莊子), 묵자(墨子), 한비자(韓非子) 등 여러 선생님이 등장했답니다. 그리고 이들이 제자들을 이끌며 새로운 학풍을 만드는 것을 가리켜 '가(家)'라고 했어요. 이 시기에 많은 선생님이 여러 가지 학풍을 만들면서 동양 사상이 크게 발전했다는 의미로 '제자백가(諸子百家)'라는 말을 쓴답니다.

"이 혼란한 세상을 어떻게 다스리면 좋을까요?"라는 제후들의 물음에 학자들은 마치 새들이 울듯이 앞 다투어 의견을 내놓았습니다.

공자는 "사람에게는 저마다 어울리는 일이 있습니다. 왕은 백성을 덕으로 다스리고, 신하는 왕을 충성으로 섬기며, 백성은 자신이 맡은 바를 다하면 됩니다. 사람이 마땅히 해야 할 도리를 가르치는 일이 가장 중요하지요. 임금은 임금다워야 하며, 신하는 신하다워야 하고, 아버지는 아버지답고, 자식은 자식다워야 합니다."라고 말하며 유가 사상을 이끌었어요.

도가 사상을 주장한 노자와 장자는 "인간이 만든 도덕이나 법은 백성을 힘들게 합니다. 가만히 두어도 질서가 있는 자연처럼 인간도 자연의 모습 그대로 두는 것이 가장 좋습니다."라고 주장했지요.

엄격한 법을 강조한 한비자는 "그냥 가만히 내버려 두다니요? 안 됩니다. 부강한 나라가 되려면 신분을 막론하고 엄격한 법을 정해야 합니다. 그래야만 누구나 처벌이 무서워 법을 지킬 테니까요."라고 말했고요.

이렇게 다들 목소리를 높이고 있을 때 묵자는 "전쟁은 지배층에게만 이

로운 것입니다. 백성을 위해서는 그만두어야 마땅합니다. 그리고 모든 사람을 차별 없이 사랑하며 서로 존중하려는 태도를 가진다면 세상에는 평화가 찾아올 것입니다."라고 호소했어요.

손자는 "적을 알고 나를 알면 백번 싸워도 위태로워지지 않습니다. 전쟁을 해서 이기는 것보다 전쟁하지 않고 이기는 것이 최선입니다."라는 말과 함께 《손자병법》을 쓰기도 했습니다.

이 사상들은 훗날 중국에 큰 영향을 끼쳤어요. 유가는 유교로 발전하여 중국뿐 아니라 우리나라와 일본의 통치 질서와 생활 윤리에 영향을 미쳤어요. 도가는 도교로 변화되어 마음의 위로와 안식을 주는 종교로 거듭났지요. 법가는 이후에도 사회의 규범과 법률을 만드는 데 기여했답니다.

중국 사상의 중심이 된 많은 선생님이 등장했던 춘추전국시대. 여러분이 만약 춘추전국시대 제후였다면 어떤 선생님의 사상을 받아들였을까요? 한번 생각해 본다면 좋은 공부가 될 거예요.

과거 시험 볼 때도 커닝하는 사람이 있었을까?

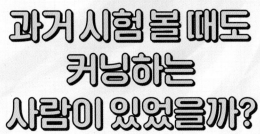

몇 년 전, 인도 동부의 비하르주 하지푸르에서 스파이더맨이 무더기로 나타났다는 뉴스가 보도됐어요. 스파이더맨은 손목에서 나오는 질긴 거미줄을 이용해서 건물을 자유자재로 기어올라 악당을 물리치는 영웅이지요. 마치 그 스파이더맨처럼 많은 사람이 건물 벽에 달라붙어서 고층까지 올라가고 있는 모습이 찍혔는데요. 도대체 많은 사람이 왜 이렇게 위험한 도전을 했을까요?

이 사람들이 스파이더맨이 된 이유는 바로 자녀의 고등학교 입학시험 때문이에요. 인도는 입학시험 문제가 까다롭기로 소문난 나라거든요. 자녀가 좋은 고등학교에 합격하기를 바라는 마음에서 부모가 모범 답안을 적은 쪽지를 전해 주려 한 행동이었답니다. 평가의 원래 목적은 뒷전에 두고, 오직 시험을 잘 보고 싶은 잘못된 마음만 앞서 버린 거예요. 그런데 이와 같은 부정행위는 옛날에도 있었대요.

낙타가 바늘귀에 들어가듯
어려운 과거 합격

서양에서 시험 성적이 우수한 사람을 인재로 선발하는 방식은 그리 오래되지 않았어요. 민주주의가 처음으로 꽃 핀 고대 그리스 아테네에서는 관리를 뽑을 때 추첨을 하거나 순서를 정해서 돌아가며 하기도 했지요. 누구에게나 기회는 공평했지만, 인재가 아닌 사람이 관리가 되어 정치가 타락하는 단점이 있었어요.

중세 사회에서는 귀족이었던 부모의 신분을 이어받아 관리가 됐지요. 경우에 따라 추천을 받기도 했지만, 엉뚱한 사람이 뇌물을 주고 관직에 오르기도 하여 비합리적이었어요.

시험으로 유능한 관리를 선발하는 대표적인 방법은 과거 제도예요. 587년 중국의 수나라에서 처음으로 시행되어 이후 천 년 넘게 이어졌지요. 당시 남북으로 분열됐던 중국을 재통일한 수나라의 문제(文帝)에게는 시급한 과제가 있었어요. 이미 권력을 잡고 있는 귀족들이 그를 무시하고 따돌렸지요. 이를 해결하기 위해 문제는 황제에 대한 충성도가 높은 관리를 뽑아서 황제의 권력을 강하게 하려고 과거제를 만들었어요.

다른 나라와 교류를 많이 하던 당나라에서는 과거 시험 과목을 대폭 늘려 많은 분야의 관리를 뽑았어요. 게다가 외국인도 과거에 응시할 수 있었기 때문에 신라의 최치

당나라 과거 시험에 합격해 관리가 된 신라 최치원의 초상화.

원도 당나라 관리가 될 수 있었지요.

본격적으로 과거제를 시행한 나라는 송나라였어요. 송나라에서는 대개 각 지방에서 1차 시험을 치르고, 합격한 사람을 대상으로 수도에서 2차 시험을 보게 했지요. 여기까지 합격하면 황제 앞에서 3차 시험을 치러요. 3차에서도 합격하면 황제가 직접 관리로 뽑았지요. 황제에게 1등으로 인정받은 사람을 '장원'이라고 하는데, 황제의 은혜를 입었으니 충성하는 것은 당연했지요.

송나라에서는 거의 3년에 한 번꼴로 과거를 시행하고 한 번에 약 300~400명이 합격했어요. 송나라 인구가 1억 명에 이를 것이라고 추정되니, 관리 되기는 그야말로 낙타가 바늘귀에 들어가는 것만큼이나 어려운 일이었을 거예요. 그만큼 과거 합격은 출세의 지름길이었지요.

콧구멍에 쪽지를?

과거 시험장의 삼엄한 분위기 속에서도 신분 상승을 위해 부정행위를 서슴지 않는 사람들이 생겨나기 시작했어요. 책을 시험장에 몰래 숨겨서 들어가거나 작은 종이에 베껴 오기도 했어요.

혹은 붓 뚜껑이나 도시락 속, 심지어 콧구멍 속에 돌돌 말린 쪽지를 숨겨 넣는 이들도 있었지요.

옆 사람 답안지를 몰래 베끼거나, 대놓고 다른 사람과 토론을 하며 답안을 작성하는 사람도 있었고요. 답안지를 땅에 떨어뜨리는 척하면서 보여 주거나 시험에 대리 응시하는 경우도 있었어요. 미리 돈을 주고 시험 문제를 알아내는 사람, 시험지에 채점자가 알아볼 수 있는 표시를 하는 사람, 화장실을 핑계로 들락날락하며 답안지를 바꿔치기하는 사람까지 나왔어요.

부정행위를 막기 위해 몸수색을 강화하고, 칸막이 방에서 한 명씩 시험을 보기도 했어요. 공정한 채점을 위한 방법도 개발됐어요. 응시자의 이름을 가리는 호명법, 개인 정보를 적은 부분을 말아 올리고 구멍을 뚫어 끈으로 묶는 방식으로 이름을 가리는 봉미법, 다른 사람이 답안지를 다시 작성해 필체를 알아보지 못하도록 하는 등록법도 사용됐어요.

오랜 세월 동안 과거 제도는 능력 있는 사람에게 신분 상승의 길을 터 주고 중앙의 권력을 안정시켜 주는 중요한 역할을 했지요. 이는 우리나라와 일본, 베트남 같은 주변국에도 영향을 미쳤어요.

우리나라에서는 958년 고려 광종 때 후주에서 온 쌍기(雙冀)*의 권유로 과거를 처음 시행했지요. 이후 1894년 갑오개혁으로 사라질 때까지 과거는 선비들의 과업이 됐어요. 그리고 오늘날 외무고시, 행정고시, 사법고시 등 고등 고시의 기원이 됐답니다.

쌍기 ○●●
본래 중국 후주의 관직에 있었으나 사신단으로 고려에 왔다가 귀화했다. 광종의 개혁에 참여하면서 당나라의 과거 제도를 본떠 과거제를 새로 만들 것을 건의했다. 과거 제도가 시행된 후에는 시험관 역할을 했다.

백년왕국을 무너뜨린 무시무시한 '손님', 천연두

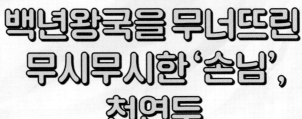

2015년 메르스 바이러스가 유행하며 연일 뉴스에 오르내렸지요. 이 바이러스에 감염되면 열이 나고 기침을 하며 호흡이 곤란해지는 증세를 보이는데, 명확한 감염 경로를 모르기 때문에 예방을 위해 무엇보다도 개인 위생이 강조되었어요. 일부 학교는 휴교하거나, 면역력을 높이는 방법을 지도하기도 했지요. 메르스 이전에도 조류 인플루엔자나 신종 플루의 유행으로 수학여행, 체육 대회 등 대규모 학교 행사가 취소된 경험이 있을 거예요.

사실 인간의 역사는 전염병과 벌인 끝없는 전쟁이라고 해도 과언이 아니랍니다. 천연두, 콜레라, 페스트, 결핵, 말라리아, 에이즈, 인플루엔자 등 잊을 만하면 새로운 질병이 등장해 왔어요.

이 중 '두창'이나 '마마' 또는 '손님'이라고도 부르는 천연두는 아메리카 대륙의 역사를 뒤바꿔 놓은 대표적 전염병이에요.

에스파냐 귀족,
아즈텍 왕국에 발을 들이다

16세기, 아메리카 대륙에서 가장 찬란한 문화를 간직했던 곳은 멕시코 고원에 있는 아즈텍이었어요. 아즈텍의 전설에 따르면, 지혜의 신 '케찰코아틀'이 사람을 창조했다고 해요. 케찰코아틀은 뱀 몸통에 노란 머리를 하고, 흰 얼굴에는 수염을 기른 야릇한 모습이래요. 다른 신과의 싸움에서 패배한 그는 큰 새를 타고 돌아오겠다는 예언을 남기고 동쪽 바다로 떠나 버렸대요. 하지만 농사짓고 쇠를 다루는 법을 알려 주었기 때문에 사람들은 큰 어려움 없이 먹고살 수 있었어요. 그들은 이웃 부족과 전쟁을 통해 영토를 확장하거나 연합하면서 큰 제국을 만들어 나갔어요. 마야 문명을 계승해서 달력과 문자를 만들고, 피라미드 모양 신전에서 지혜의 신을 기다리며 제사를 지냈어요.

지혜의 신 케찰코아틀의 독특한 모습을 표현한 그림. ⓒEddo

바로 그 무렵, 대서양 건너 동쪽 에스파냐는 모험의 열기로 들썩거리고 있었지요. 콜럼버스가 발견한 신항로를 따라 아메리카 대륙에 가면 황금을 얻을 수 있다는 야심가들 때문이었어요. 에스파냐 귀족 출신인 에르난 코르테스도 예외는 아니었지요. 쿠바 총독의 일을 돕던 그는 500여 명의 병사와 말 16필을 이끌고 야심차게 멕시코 원정길에 올랐어요. 드디어 1519년 수백만 인구를 자랑하는 거대한 아즈텍 왕국에 도착했어요.

호수 가운데 떠 있는 섬들을 연결해서 만든 테노치티틀란에서 그 모습을 바라보던 황제 몬테수마 2세는 깜짝 놀랐어요. 돛을 높이 단 코르테스의 배가 날개를 활짝 편 새처럼 보였거든요. 하얀 얼굴에 금발을 휘날리는 코르테스의 모습은 마치 전설 속 케찰코아틀 같았지요.

아즈텍 왕국을 정복한 에르난 코르테스의 초상화.

황제는 성문을 열고 환영 인사를 보냈어요. 정말로 착각을 한 건지, 아니면 에스파냐 사람들의 위용에 놀라서 두려웠던 건지 정확히 알 수는 없어요.

하지만 얼마 지나지 않아 황제는 코르테스의 속셈을 깨닫기 시작했어요. 코르테스가 황제를 인질로 잡고, 복종과 황금을 요구했기 때문이에요. 도시 가운데에는 신전 대신 성당을 짓도록 했지요.

서른 배 많은 적을 쓰러뜨린 뜻밖의 재앙

코르테스의 행동에 화가 난 사람은 엉뚱하게도 쿠바 총독이었어요. 명령을 어기고 주어진 임무를 벗어나 아즈텍까지 가 버린 그를 용서할 수 없었지요. 이 소식을 들은 코르테스는 부하들에게 테노치티틀란을 맡기고, 싸움터를 향해 갑니다. 그러고는 쿠바 총독이 보낸 원정대까지 자기 편으로 만들어 의기양양하게 아즈텍에 돌아왔어요.

metztitlan.

16세기 초 에스파냐 병사들이 아즈텍 왕국의 테노치티틀란에 침입했을 때의 모습을 담은 그림.

그러나 뜻밖에도 아즈텍 사람들의 반란으로 오히려 자신의 부하들이 내쫓겨 있는 상황을 마주합니다.

적은 군사로 30배나 많은 아즈텍 군대를 어떻게 이겨야 하나 고민하고 있을 때, 또 한 번 반전이 일어났어요. 원정대에 속해 있던 노예 중 천연두 환자가 섞여 있었던 거예요. 아무도 모르는 사이에 아즈텍 사람들에게 천연두가 퍼져 나가기 시작했어요. 열이 나고, 얼굴과 온몸에 물집이 잡히더니 순식간에 고름이 차올랐어요. 시름시름 앓던 아즈텍 사람들의 사기는 땅에 떨어졌고, 전체 인구의 약 4분의 1이 사망하는 재앙이 벌어졌어요. 운 좋게 살아남는다고 해도 고름이 있던 얼굴에 움푹 파인 흉터를 남겼어요.

에스파냐 사람들은 이미 기원전부터 겪어 왔던 전염병이라 면역이 있었지만, 아메리카 대륙의 아즈텍 사람들은 처음 겪는 바이러스의 침공이었거든요.

결국 1521년 아즈텍 문명은 정복당하고 폐허가 되었어요. 자신을 '멕시카(Maxica)'라고 부르던 아즈텍 왕국은 오늘날의 멕시코가 되었고, 테노치티틀란이 있던 호수는 흙으로 메워져 수도 멕시코시티가 되었답니다.

오늘날 페루에 있었던 잉카 문명 역시 168명밖에 되지 않는 피사로*의 군대에 맥없이 사라지고 말았어요. 아즈텍과 잉카 문명이 몰락한 까닭은 기마 부대의 기동성, 총이나 창과 같은 강력한 무기 때문이기도 하지만, 무엇보다도 천연두 바이러스의 무서운 전염성이 더해졌기 때문이에요. 천연두는 그 이후 북아메리카 인디언들에게까지 치명적 피해를 남겼지요.

> **피사로** ○◑●
> 프란시스코 피사로 곤살레스. 스페인 출신으로 에르난 코르테스와 6촌 관계이다. 잉카 제국을 정복하고 현재 페루의 수도인 리마를 건설했으며, 그곳에서 동료 일당에게 살해당한다.

1796년 영국의 에드워드 제너가 개발한 종두법이 보편화하면서, 1980년 5월에 '천연두는 지구에서 사라졌다'는 세계보건기구(WHO)의 발표가 있었어요. 문명을 파괴하고 아메리카 대륙을 유럽인의 땅으로 만들 만큼 위력을 지닌 천연두 바이러스도 결국은 인간에게 정복당한 셈이지요.

여성은 투표할 수 없다니, 이거 실화냐?

개구쟁이 스머프라는 만화를 알고 있나요? 이 만화에는 하얀 모자를 쓴 파란 요정들이 등장합니다. 뒷부분이 앞으로 꺾어진 고깔 모양의 모자입니다. 똑같은 스타일의 모자를 고대 그리스인들, 로마 제국에서 반란을 일으켰던 노예들, 프랑스 혁명 당시 시민들도 썼으며, 지금도 혁명이 일어나고 있는 곳곳에서 쓰고 있습니다. 들라크루아의 그림 〈민중을 이끄는 자유의 여신〉 속 여신 마리안 역시 이 모자를 쓰고 전진하고 있어요.

프리지아 모자(Phrygian cap)라고 부르는 이 모자에는 자유의 의미가 숨겨져 있습니다. 자유롭고 평등한 사회를 꿈꾸며 혁명을 이끄는 '프리지아 모자를 쓴 마리안'을 보면, 오래전부터 여성과 남성이 동등한 정치적 권리를 누려 왔다고 생각하기 쉽습니다. 하지만 실제로 여성이 정치적으로 남성과 동등한 권리를 갖고 선거에 참가하게 된 지는 얼마 되지 않았답니다.

목숨 바쳐
여성 선거권을 주장한
에밀리 데이비슨

고대 그리스 아테네에서 민주주의의 바탕이 마련되었지만, 투표 자격은 제한되어 있었지요. 여자, 외국인, 노예는 참여할 수가 없었습니다. 남자 시민들이 착용했던 프리지아 모자에는 그들만의 자유가 포함되어 있었던 셈이지요. 후일 로마 제국에서는 해방된 노예나 로마 시민이 된 노예의 자손들도 자유를 갈망하며 이 모자를 썼습니다.

들라크루아의 그림, 〈민중을 이끄는 자유의 여신〉.

본격적으로 여성이 정치적 자유를 요구한 것은 1789년 프랑스 혁명 때부터입니다. 당시 급진파 세력이었던 자코뱅당의 당원들은 자유의 상징으로 붉은 프리지아 모자를 썼습니다. 자코뱅당은 국민공회를 이끌며 왕정을 폐지하고 공화정을 선포했습니다. 여러 개혁을 통해 선거권을 확대하려 했지만, 역시 성인 남자에게만 한정되어 있었습니다. "여성이 단두대에 오를 권리가 있다면 의정 단상에도 오를 권리가 있다."라고 외치던 구주*는 단두대의 이슬로 사라졌습니다.

이후 7월 혁명과 2월 혁명을 거치면서 노동자들이 정치적인 권리를 얻었습니다. 프랑스 7월 혁명을

구주 ○●●
올랭프 드 구주. 프랑스 혁명 때 여성에게도 참정권이 부여되어야 한다는 주장을 했다. 혁명이 내걸었던 자유와 평등이 남성에게만 해당된다는 점에 반기를 들고 〈여성권 선언문〉을 발표했다. 결국 로베스피에르의 공포 정치를 공격했다는 이유로 급진 공화파에 의해 처형당했다.

상징하는 그림으로 알려진 〈민중을 이끄는 자유의 여신〉은 프리지아 모자를 쓰고 자유를 위해 전진하는 모습으로 그려졌지만 그때까지도 여성에게는 정치적 권리를 주지 않은 거지요. 영국에서도 노동자의 참정권을 위한 차티스트 운동과 선거법 개정이 계속되었지만, 여전히 여성에게는 권리가 주어지지 않았습니다.

에밀리 데이비슨의 장례식 풍경. 수많은 여성들이 흰옷을 입고 행진했다. 현수막에 "계속 싸우라, 신이 승리를 줄 것이다."라는 문구가 써 있다.

여성의 선거권을 요구하는 극적인 사건은 1913년 영국의 엡섬 더비(Epsom Derby) 경마 대회에서 일어났습니다. 왕족과 귀족을 비롯한 수많은 관람객이 지켜보는 가운데 갑자기 한 여자가 경마장 안으로 뛰어들었습니다. 여자는 말발굽에 밟혀 넘어졌고, 말을 타고 있던 기수 역시 말에서 떨어져 뒹굴었지요. 에밀리 데이비슨이라는 이 여자는 여성의 선거권 확대를 주장하는 운동가였습니다. 이 대회를 통해서 자신의 주장을 적극적으로 알리려고 했던 거지요. 머리를 크게 다친 에밀리는 4일 후 병원에서 숨을 거두었지만, 여성의 선거권 확대에 큰 영향을 주었습니다.

다 같이 프리지아 모자를 써야 할 때

선거권을 얻기 위해서 많은 여성과 여성 단체의 단식 투쟁, 시위, 행진, 저항 운동이 이어졌습니다. 여성이 처

음으로 선거권을 획득한 나라
는 1893년 뉴질랜드입니다. 이
후 1917년 러시아에서, 미국은
1920년에야 흑인보다도 더 늦
게 여성들이 투표권을 획득했습
니다. 제1차 세계 대전이 끝나
고 나서 유럽 국가들 사이에 여
성의 선거권을 인정하는 움직임

이 가속화되었어요. 영국은 에밀리 사건이 있은 후 15년이 지난 1928년에
여성 선거권을 인정했어요. 아시아나 아프리카에 있는 나라들은 대부분 2
차 대전 후에 독립을 하면서 여성이 동등한 선거권을 갖게 되었습니다.

우리나라 역시 1948년 대한민국 정부 수립 당시 평등한 선거권을 인정받
았습니다. 1971년에서야 여성들의 선거권을 인정한 스위스에 비하면 우리
나라가 늦은 편은 아니지만, 대부분 국가에서 여성이 오랫동안 정치적인 권
리를 누리지 못했음은 놀라운 사실입니다. 1952년에 채택된 여성의 참정권
에 관한 국제연합(UN) 총회 의결에는 "여성은 남성과 동등한 조건으로 아무
런 차별 없이 모든 선거에서 선거권을 갖는다."라고 규정되어 있습니다.

세상의 절반은 여성이지만, 여성이 투표에 참여하는 정치적 기본권을 누리
기 시작한 것은 최근의 일입니다. 물론 아직도 여성이 정치에 참여하지 못하
는 국가도 있으며, 여성이 아니더라도 차별받는 집단은 여전히 존재합니다.

선거철이 되면, 선거권을 가진 절반의 여성을 위한 공약들이 많이 쏟아져
나오곤 합니다. 자유롭고 평등한 사회를 꿈꾸며 우리의 권리를 실현하기 위
해 프리지아 모자를 써야 할 때입니다.

06
사회·교육

아일랜드인에게 홍수보다 더 혹독했던 것은?

"봄추위가 장독 깬다."라는 속담이 있어요. 따뜻한 봄날에도 의외로 매서운 꽃샘추위가 있다는 뜻이지요. 집을 나설 때는 분명히 맑은 하늘이었는데, 갑자기 비가 온 경험은 누구나 있지요. 또 어느 날에는 예상치 못했던 3월의 더위가 찾아오기도 합니다. 게다가 외출을 준비하고 있는데 황사까지 불어오면 정말 난감하지요.

아리스토텔레스는 "날씨가 인간의 모든 것을 지배한다."라고 했는데요. 날씨는 역사를 변화시키기도 합니다. 원나라의 황제 쿠빌라이 칸은 일본 원정을 가다가 만난 태풍 때문에 혼비백산했어요. 결국 원정은 실패로 끝났고, 일본은 이것을 '가미카제(神風)'라고 생각했지요. 날씨 덕분에 일본이 원의 침략으로부터 벗어날 수 있었다면, 반대의 경우도 있어요.

> **가미카제** ○●●
> 신이 일으킨 바람이라는 뜻. 제2차 세계 대전 말기. 전투기에 폭탄을 싣고 적에게 돌격한 일본 제국 특공대의 이름으로도 쓰였다.

가난한 아일랜드인들의 주식, 감자

1945년 제2차 세계 대전 막바지에 미국은 일본에 원자폭탄을 떨어뜨릴 장소를 물색하고 있었어요. 8월 3일 히로시마에 1차 폭격을 가한 후 8월 6일에는 군수 산업 중심지인 고쿠라에 떨어뜨릴 예정이었지요. 그러나 잔뜩 낀 구름 때문에 시야 확보가 어려워져, 고쿠라가 아닌 나가사키에 2차 폭격이 이루어졌어요. 만약에 태풍도 불지 않고 구름도 끼지 않았다면 역사가 달라졌겠지요?

날씨가 바꾼 역사 이야기에 빠짐없이 등장하는 사건은 바로 '아일랜드 감자 대기근(The Great Potato Famine)'이에요. 감자는 원래 안데스 산지에서 자라는 작물로 16세기에 스페인 사람들에 의해서 유럽에 전해졌어요. 처음에는 땅속에서 자라는 감자를 악마의 열매라 부르며 거부하는 사람들이 많았다고 해요. 그래서 돼지 사료나 전쟁 포로 식량으로 이용되었어요. 하지만 재배하기 쉽고 요리하기 쉬운 감자는 점차 널리 보급되어 하층 계급의 식량 작물이 되어 갔지요.

섬나라 아일랜드는 영국의 오랜 지배를 받으며 대부분의 토지를 영국에 빼앗겼어요. 재배한 작물들도 영국에 헐값으로 넘기고 있는 형편이었지요. 가난한 소작농들은 18세기 이후부터 감자를 주식으로 삼아야만 했답니다. 1845년 아일랜드의 여름은 뜨겁고 건조했어요. 감자가 자라기에 좋은 환경이었지요. 감자는 땅속에서 자라기 때문에 물이 잘 빠져나가는 건조한 곳이 잘 맞거든요.

100만 명이 죽고
100만 명이 떠나다

그런데 참 이상하지요? 갑자기 기온이
뚝 떨어지면서 안개가 뒤덮기 시작했어요. 그리고 계속해서 비가 내렸어요.
가축이 익사하고, 집이 물에 잠겼어요. 땅속에서 자라던 감자들은 검게 썩어
들어갔지요. 먹을 게 부족해진 사람들은 영국에게 얻은 돈으로 옥수수를 사
서 최소한의 굶주림을 면했어요. 하지만 그 겨울의 식량난은 혹독했습니다.

그리고 다음 해 봄이 끝나고 또다시 비가 쏟아지기 시작했어요. 그 전해
보다 더 심하게, 더 오래. 게다가 무역선을 타고 함께 온 감자역병균이라는
세균이 퍼졌어요. 병 때문에 감자 농사는 매년 흉작이었고, 다시 영국에게
도움을 청했지만 영국은 도와주지 않았어요. 오히려 더 많은 곡물을 공출해
갔어요. 점점 많은 사람들이 굶주림에 지쳐 갔고, 티푸스나 발진티푸스 같
은 전염병이 유행했어요.

살기 위해 아메리카 대륙으로 이민 가는 사람들이 나타났어요. 820만 명

2011년 북아일랜드 성 패트릭 축제에 참가한 사람들. ⓒArdfern

이 넘던 아일랜드 인구는 1841~1852년까지 10년 만에 약 650만 명으로 줄어들었어요. 감자역병균은 사라졌지만, 기상 재해와 전염병으로 약 100만 여 명이 사망하고 또 대략 100만여 명은 이민을 갔기 때문이지요.

그 후로도 계속된 이민으로 현재 미국에서는 아일랜드계 이주민들이 전체 인구의 약 12%를 차지하게 되었답니다. 아일랜드계 미국인들을 보통 아이리시(Irish)라고 부르는데, 이들은 매년 3월 17일이면 초록색 옷을 입고 성 패트릭 축제를 열어 자신들의 뿌리를 기억하고 있습니다.

한 번 더 생각해야 들리는 뉴스

날씨보다 더 강력한 힘은 우리에게 있어

만약 아일랜드에 비가 오지 않았다면 어떻게 됐을까요? 감자역병균이 번지지 않았다면? 물론 흉작과 대량 이민이 한꺼번에 이루어지지 않았을지도 모릅니다. 하지만 영국에서 다른 작물들을 공출해 가지 않았거나 적절한 구호가 이루어졌다면 이 모든 비극을 막을 수 있었을 거예요.

그래서 대부분 사람들은 날씨보다는 무자비한 영국의 식민지 정책에서 아일랜드 기근의 원인을 찾고 있어요. 지금까지도 영국과 아일랜드는 불편한 관계를 맺고 있지요. 요즘도 극심한 가뭄으로 굶주린 아이들이 국제 구호 단체 캠페인에 등장해요. 특히 아프리카 사하라 사막 남부 사헬 지대에는 지난 50년간 단 한 방울의 비도 내리지 않은 곳도 있어요. 사막은 점점 확대되어 가고, 지구 전체의 기후 변화를 가져오고 있어요. 날씨 때문에 역사가 변하는 것보다 더 중요한 건 그 아이들에게 관심을 갖는 거예요. 진짜 아름다운 역사를 만들어 나가는 길이니까요.

참혹했던 대기근을 기억하기 위해 아일랜드 더블린에 세운 동상.

흑인 노예들을
탈출시킨 용감한 '차장'님

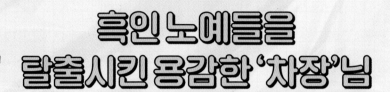

2016년 4월, 미국 재무부는 20달러 지폐 인물을 기존의 제7대 대통령 앤드루 잭슨에서 흑인 여성 인권 운동가 해리엇 터브먼으로 교체하겠다고 밝혔어요. 성평등의 가치가 널리 인정받고 있는 미국 사회에서 정작 지폐 인물에는 여성이 없다는 비판 때문이었지요. 또한 앤드루 잭슨 대통령은 미국 원주민을 탄압하고 노예를 소유했던 인물이므로 지폐에 들어가기에 부적절하다는 비판도 있었어요.

미국에서 여성 참정권을 보장한 지 100주년이 되는 2020년 해리엇 터브먼의 초상화가 그려진 새 20달러 지폐가 등장할 예정이에요. 그와 함께 10달러 지폐 뒷면에는 재무부 건물을 빼고 여성 참정권 운동가 5명의 모습을 넣기로 했대요. 미국 지폐 인물 가운데 사상 첫 흑인이기도 한 해리엇 터브먼은 자신과 같은 흑인 노예 수백 명의 탈출을 도왔던 용감한 여성이었어요. 과연 그녀의 삶은 어떠했을까요?

미국 남부와 북부가
대립한 이유

1800년대 중반 미국 남부 사람들과 북부 사람들은 흑인 노예 문제를 두고 서로 갈등을 겪고 있었어요. 넓은 농장이 발달한 남부의 백인 지주들은 흑인 노예가 꼭 필요하다고 주장했지요. 물론 흑인들의 노동력을 공짜로 부려 먹기 위해서요.

반면 이제 막 산업 혁명을 시작한 북부의 공장에서는 임금이 싼 노동자들을 필요로 했어요. 북부 사람들은 남부의 흑인 노예들이 해방되면 북부에 있는 공장에 취직할 것이라고 생각했지요. 그래서 북부는 흑인 노예 제도가 사라져야 한다고 주장했어요. 남부와 북부의 경제 구조 차이 때문에 노예제를 둘러싸고 날카로운 대립이 벌어졌던 거예요.

해리엇 터브먼의 할아버지와 할머니는 아프리카에서 강제로 끌려온 노예였어요. 그 결과 해리엇도 노예가 될 수밖에 없었어요. 어린 시절 해리엇은 주인에게 맞아 머리를 크게 다쳤고, 그 후유증으로 어른이 되어서도 수면 장애와 두통에 시달리며 살았어요.

해리엇은 왜 노예들은 주인에게 학대받아야 하는 걸까 생

1887년 여성 흑인 인권 운동가 해리엇 터브먼(왼쪽 끝)이 자신의 집 앞에서 가족과 찍은 사진.

각하며 분노했어요. 그래서 남부 흑인 노예를 북부로 도망시켜 주는 비밀 조직 '지하철로(Under grou nd Railroad)'의 도움을 받아 탈출했어요. 이 조직은 실제로 철도를 이용하진 않았지만, 남부 농장에서 북부 공장까지 장거리를 은

밀히 다니느라 지하철로라는 별명으로 불리웠지요. 이들은 도망 중인 흑인 노예를 '승객'이라고 부르며 안전한 숙소와 음식을 제공하고 일자리와 자유가 있는 북부로 이동시켰어요. 도망 노예를 목적지까지 데려다주는 사람은 '차장'이라고 불렀지요.

자유로 가는 길을 인도한 '러브먼 장군'

1850년부터 해리엇도 지하철로의 차장이 되어 동료 흑인 노예들의 탈출을 돕기 시작했어요. 해리엇의 도움으로 1860년까지 19차례에 걸쳐 300명 이상의 노예가 자유를 찾았어요.

하지만 차장의 역할은 결코 순탄치 않았어요. 해리엇은 혹시나 주인들이 사냥개를 풀어 쫓아오지 않을까 싶어 냄새가 강한 후추를 뿌리며 도망쳤대요. 당시 흑인은 글을 배울 수 없었기 때문에 문맹이었던 해리엇은 지도를 읽을 수 없었어요. 그래서 바느질을 해서 만든 글자가 없는 암호 지도를 가지고 다녔어요. 그리고 밤하늘에 빛나는 북극성, 강물의 흐름을 더듬어 가

며 북쪽으로 향했지요.

겨울철에는 아이들이 추위와 겁에 질려 울음을 터뜨렸지요. 해리엇은 우는 아이들에게 진통제를 먹여서 재웠어요. 가끔 어른들도 용기를 잃어 도중에 포기하고 돌아가고 싶다고 말하기도 했어요. 해리엇은 그런 사람들에게는 위협을 해서라도 끝까지 탈출하게 도왔어요. 나중에는 그들도 해리엇에게, 용기를 줘서 고맙다고 말했대요.

1861년 결국 남북전쟁이 터졌어요. 해리엇은 북군의 편에 서서 스파이 역할을 하며 '터브먼 장군'이라는 별명을 얻게 돼요. 결국 전쟁은 북부의 승리로 끝났고, 링컨 대통령이 흑인 노예를 해방했어요. 해리엇은 그 후에도 평생 여성 참정권과 흑인 인권을 위한 사회 운동에 헌신했답니다.

1885년 해리엇 터브먼의 사진.

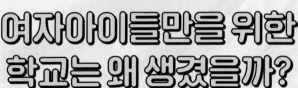

여자아이들만을 위한
학교는 왜 생겼을까?

2015년 10일 파키스탄의 여성 인권 운동가 말랄라 유사프자이가 인도의
아동 권리 운동가 카일라시 사티아르티와 함께 노벨평화상 수상자로 공동
지명되었어요. 올해 열일곱 살인 그녀는 노벨상이 생긴 이래 가장 어린 수
상자예요. 말랄라는 여자 어린이의 교육받을 권리를 위한 운동을 전개했답
니다. 여성이 교육받는 것을 당연하게 생각하는 우리로서는 이런 운동을 왜
벌이는지 이해하기 어렵지요.

말랄라가 태어나고 자란 파키스탄의 스와트밸리는 2007년 이슬람 근본
주의 운동 조직인 탈레반이 점령한 지역이에요. 이곳에서 탈레반은 서양 문
화를 없애고 이슬람 고유의 문화를 지킨다는 이유로 여성을 억압하는 조치
를 취했어요. 여성이 교육받을 권리를 없애고, 여성들끼리는 외출도 하지
못하게 했지요. 만약 딸을 학교에 보내는 사람이 있다면 강하게 처벌했고
요. 바로 이런 환경에서 말랄라는 용기를 발휘한 거예요.

'가난한 소녀 학교 보내기' 운동을 이끈 11세 소녀

말랄라는 11세 때 탈레반의 정책에 저항하여 영국 BBC 방송 블로그를 통해 여자 어린이도 교육을 받아야 한다고 주장했어요. 공개적으로 연설하고, '가난한 소녀 학교 보내기' 운동을 전개하기도 했습니다. 그러다가 15세 때 학교에서 돌아오던 중 탈레반이 쏜 총에 머리를 맞아 목숨까지 잃을 뻔하였지요. 말랄라는 몇 차례 뇌 수술 끝에 기적처럼 살아나 여성 교육의 아이콘이 되었습니다. 여성이 교육을 받지 못하고 사회에 진출할 수 없다면 인간으로서 기본 권리까지 빼앗긴다는 사실을 어린 소녀가 온몸으로 보여 준 거예요.

사실 과거에는 여성 교육이 거의 이루어지지 않았어요. 어느 시대에나 교육은 존재했지만, 여성은 그 대상에 포함되지 않았지요. 인류 문명이 발생한 메소포타미아에서 처음으로 학교 교육이 등장했는데, 여자가 교육받았다는 기록은 없어요. 고대 그리스 스파르타에서는 여자도 교육을 받았으나 그것은 전사의 후예를 길러 내기 위한 교육일 뿐이었습니다.

동서양 역사를 살펴보면, 대부분 여성은 자녀 양육과 집안일에 필요한 기술을 배우는 게 전부였어요. 학교 교육을 받지 못했기 때문에 좋은 일자리도 얻지 못했고요. 남자와 결혼해야만 의식주를 해결할 수 있었습니다. 당연히 정치에도 참여할 수 없었고, 남편의 지위에 따라 여성의 지위가 결정되었어요.

2014년 공식 석상에서 발언하는 말랄라의 모습.
©Southbank Centre London

선생님 얼굴 보면 큰일 나!

　　　　　　　　근대에 들어서는 교육받는 여성도 생겨났지만, 남성과 똑같이 정치에 참여할 수는 없었어요. 프랑스 혁명(1789)과 미국 독립 혁명(1776) 중 발표된 〈인간과 시민의 권리선언〉, 〈독립선언문〉 어디에도 여성 인권에 대한 내용은 없었습니다.

　'전쟁'과 '인권'은 전혀 어울리지 않는 말이지만, 정말 이상하게도 여성이 남성과 동등한 인권을 갖게 된 데는 제1차 세계 대전의 힘이 컸어요. 4년간 계속된 이 전쟁은 유럽 전체 인구의 2%가 참전하는 총력전(국가가 가진 모든 분야의 힘을 기울여서 수행하는 전쟁)으로 진행되었거든요. 무기를 들고 싸울 만한 성인 남자는 대부분 전쟁터로 나갔다는 뜻이지요. 남자들이 떠난 공장의 빈자리는 여자와 어린아이, 노인으로 채워졌어요. 이런 상황에서 여성들은 전쟁에 필요한 물품을 만들고 경제를 이끌어 가야 했지요.

우리나라 최초 여학교인 이화학당의 하급반 여자아이들 모습.

전쟁 후 새롭게 만들어진 민주주의 국가에서 여성의 지위는 예전보다 향상되었고, 정치에 참여할 수 있는 권리도 갖게 되었어요. 아시아나 아프리카 여성들은 제2차 세계 대전이 끝나고 나라가 독립하면서 기본권을 누리게 되었고요.

우리나라 역사에서도 신사임당이나 허난설헌 같은 몇몇을 제외하고 대부분 여성은 교육을 받지 못했어요. 세종대왕의 한글 창제 이전에는 거의 문맹이나 다름없었고요. 게다가 유교 영향으로 여자가 학문을 갈고닦는 것은 잘못된 일이라고 생각했지요.

1886년 선교사 스크랜턴 부인이 우리나라 최초 여학교인 이화학당을 열었을 때도 학생 모집이 무척 어려웠다

여자아이들만을 위한 학교는 왜 생겼을까?

고 해요. 하지만 학생 한 명으로 시작한 이 학교는 점차 학생이 늘어났고, 다른 여학교도 생겨났지요.

이렇게 여학생이 늘자, 학교에서는 "남녀칠세부동석(男女七歲不同席)"이라는데, 남자 선생님과 여학생이 한 교실에서 마주 보며 수업해도 되느냐."라며 걱정하기 시작했어요. 그래서 웃지 못할 지침이 생겨났답니다. "남자 선생님이 교실 앞에 와서 헛기침하면, 여학생들은 일제히 고개를 운동장 쪽 창밖으로 돌린다. 선생님이 칠판을 향한 채 헛기침을 하면 학생들은 고개를 돌려 앞을 본다. 선생님은 칠판만 보며 수업하고, 학생들은 선생님 뒤통수를 보며 수업을 듣는다. 수업이 끝나면 선생님이 다시 기침을 하고, 학생들이 운동장을 바라보는 사이 문을 열고 나간다." 어때요? 선생님 얼굴을 한 번도 보지 못하는 정말 신기한 수업이지요?

광복 후 수립된 대한민국 정부는 처음부터 여성이 교육받을 권리와 정치에 참여할 권리를 인정했어요. 교육받은 여성이 늘면서 여성의 지위도 함께 올라가고, 남자만 할 수 있던 일에 여성이 도전하는 일도 많아졌답니다. 여성이 교육받고 정치에 참여하며 남성과 동등한 인권을 누리게 된 역사는 그리 길지 않아요. 아직도 개발도상국이나 후진국에서는 여성이 교육의 기회를 갖지 못하는 경우가 많습니다. 종교적 이유나 가난 때문에 교육받지 못하는 어린이도 많고요. 어리지만 용기 있는 말랄라처럼 우리가 꿈꾸고 행동하면 세상을 바꿀 수 있다는 사실을 잊지 말아야겠어요.

15시간 일해도 가난해…
도와줘요, '메이데이'!

"메이데이, 메이데이, 메이데이!"

2015년 3월 프랑스 남부 알프스 산악 지대에 추락한 독일 저먼윙스 항공기의 마지막 교신 내용이에요. "도와줘요, 도와줘요, 도와줘요!"라는 의미인데요. 150명의 승객과 승무원 전원이 사망한 안타까운 사고였지요.

배를 타고 가다가 사고를 당하거나 항공기 운항 중 문제가 있을 때, 국제적으로 약속한 조난 신호가 바로 '메이데이(Mayday)'예요. 원래는 도와달라는 뜻의 프랑스어 '메데(m'aider)'를 영어로 표기하는 과정에서 '메이데이'가 됐다고 해요. 그런데 띄어쓰기를 넣어서 표현해 보면 전혀 다른 뜻의 단어가 되는데요. 5월 1일, 노동절을 뜻하는 메이데이지요. 노동자의 열악한 근로 조건을 개선하고 지위를 향상시키기 위해 만든 세계 노동자들의 축제 날입니다. 1886년 5월 1일의 역사적 사건을 기념하기 위해 만든 메이데이. 그날 노동자에게 무슨 일이 있었던 것일까요?

기계처럼 쉴 없이 일하게 된 사람들

18세기 영국에서 시작한 산업 혁명은 짧은 시간에 많은 변화를 불러왔어요. 일단 기계의 힘을 이용해 공장에서 수없이 많은 물건이 쏟아져 나왔지요. 장인의 손으로 한 땀 한 땀 만들던 옷 한 벌이 재봉틀만 있으면 뚝딱뚝딱 만들어졌지요. 농작물을 수확하는 일도, 목화솜을 트는 일도 더는 사람이 아닌 기계의 몫이었지요.

대량으로 만든 물건은 철로를 따라 멀리 팔려 나갔고, 누구든 돈만 있으면 손쉽게 살 수 있었어요. 생활은 편리해졌지만, 기계가 움직이는 속도만큼이나 사람들은 바쁘게 움직여야만 했지요. 사람들은 돈을 벌기 위해 도시로 모여들었어요. 하지만 일자리를 얻기는 쉽지 않았지요. 숙련된 기술자들도 이미 기계에 일자리를 빼앗긴 상황이었어요. 임금이 싼 노동자들이 단순하고 반복적인 일만 하면 됐으니까요. 하늘 높이 들어선 시계탑은 빨리 일하러 가라며 재촉했어요. 도시에는 주택 문제, 실업 문제, 환경 오염 문제, 범죄 문제, 빈부 격차 등 여러 가지 사회 문제가 가득했지요.

산업 혁명에 박차를 가하던 1886년 미국의 상황은 더욱 심각했어요. 밀려나는 원주민 인디언, 아프리카 출신 해방 노예, 아일랜드·영국·프랑스·폴란드 출신 이민자와 인도와 중국 이민자까지 다양한 인종의 노동자가 넘쳐나고 있었어요. 중국인들은 똘똘 뭉쳐 차이나타운을 만들어 생활하기도 했으며, 곳곳에서 인종 차별과 남녀 차별이 나타났지요.

반면 철강왕으로 알려진 카네기나 석유왕 록펠러, 자동차왕 포드 등 일부는 점점 큰 부자가 되어 갔어요. 빈부 격차는 더욱 심해졌고, 노동자들은 하루 15시간씩 일해도 부자가 될 수 없었어요.

하루에 8시간만
일하게 해 주세요!

자동차와 제철 공업이 발달했던 오대 호 연안의 시카고는 특히 이민자가 전체 인구의 70% 이상을 차지하는 곳이 었어요. 여자와 어린이들까지 일자리를 찾아다니는 상황에서 가난과 삶의 고달픔은 노동자들을 하나로 뭉치게 했어요. '노동 시간을 줄일 수 있다면', '임금을 더 받을 수 있다면', '좀 더 인간다운 생활을 할 수 있다면' 하고 바랐어요.

결국 1886년 전국에서 노동자들의 시위가 일어났지요. 특히 5월 1일에 시카고에서는 노동자 4만 명이 참여한 대규모 총파업과 평화 행진이 일어났어요. 기계가 움직이지 않았고, 생산은 멈췄지요. 가장 중요한 구호는 '1일 8시간 노동제 실시'였답니다. 왜 여덟 시간이었을까 궁금하지요? 1817년 영국의 사회 운동가 로버트 오언이 말한 "8시간 일하고, 8시간 놀고, 8시간 자자."에서 그 의의를 찾았던 거지요.

5월 3일에는 파업을 방해하던 사람들이 노동자들에게 공격을 당했어요. 당시에는 파업을 막는 역할로 고용된 사람들이 있었거든요. 신고를 받고 출동한 경찰의 총에 맞아 여섯 명이 죽고 수십 명이 다치는 불상사가 발생했지요. 죽은 사람 중에는 여자아이도 있었

1886년 5월 시카고에서 노동자들의 시위 참가를 권하는 전단.

어요.

군중의 시위는 5월 4일에도 이어졌어요. 그런데 뜻밖에 헤이마켓 광장에 모인 평화 시위대와 경찰 사이에 폭탄이 터졌어요. 경찰의 사망이 잇따르고, 설상가상으로 분노한 경찰이 총을 쏴 노동자가 또 사망하면서 최악의 난투가

1886년 5월 4일 미국 시카고의 헤이마켓 광장에서 벌어진 노동자들의 시위 모습을 묘사한 삽화.

벌어졌어요. 폭탄 테러의 원인은 결국 밝혀 내지 못했지만, 주동자로 지목된 네 명은 아무런 증거도 없이 사형됐어요.

그 후 헤이마켓 시위를 기념하기 위해 많은 나라가 5월 1일을 노동자를 위한 날로 정했고, 이날을 중심으로 노동자들의 시위가 조직적으로 일어나기 시작했지요. 그리하여 5월 1일에 각국에서 노동자들을 위한 기념행사를 치르기 시작했으며, 오늘날 노동절에 이르게 됐습니다.

오언과 헤이마켓 시위의 구호였던 1일 8시간 노동은 1919년 국제노동기구(ILO)에 의해서 노동에 관한 국제 기준이 됐답니다.

왜 똑같은 '평화의 소녀상'이 계속 세워질까?

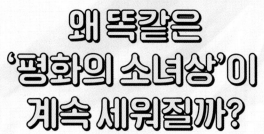

비가 오나 눈이 오나 매주 수요일이면 거리로 나서는 할머니들이 있습니다. 1992년 1월 8일 시작된 이 집회는 어느새 1,300회를 넘기며 세계에서 가장 오랜 기간 열린 집회가 되었어요. 할머니들이 향하는 곳은 서울 종로구 중학동에 있는 주한 일본 대사관 앞이에요. 일본군 위안부 강제 동원에 대한 진실을 밝힐 것과 공식적인 사과 및 책임자 처벌을 요구하고 있지요.

이곳에는 할머니들의 어린 시절을 쏙 빼닮은 '평화의 소녀상'이 있습니다. 거칠게 잘린 단발머리 소녀가 작은 주먹을 불끈 쥔 채 의자에 앉아 있어요. 담담한 표정으로 일본 대사관을 바라보는 '평화의 소녀상'은 할머니들의 1,000번째 집회를 기념하여 국민 성금으로 만든 것입니다. 2014년 7월 말에는 피해 할머니 두 분이 미국에서 백악관, 국무부 관료를 만나 일본군 위안부 피해의 실태를 알리기도 했어요. 위안부 문제에 대한 국제 사회의 관심이 계속되고 있습니다.

일본군의
'성 노예'가 되어

일제 강점기였던 1930년대 말, 중국과 전쟁을 벌이던 일본은 더 많은 무기와 군수 물자를 원했어요. 무기와 군수 물자를 생산하는 공장에 더 많은 일손이 필요했지요. 전쟁의 광기에 시달리던 일본 군인들이 민간인 마을을 약탈하고 여자들을 성폭행하는 일도 잦아졌습니다.

그러자 일본 정부는 여성을 강제로 끌고 가 공장에서 일하게 하거나 '일본군 위안부'로 삼는 방법을 생각해 냈습니다. 일본군 위안부란 우리나라나 중국 등 한자어 문화권에서 사용하는 말이에요. 유엔 등 국제기구를 포함한 영어권 국가에서는 '일본에 의한 성 노예(Military Sexual Slavery by Japan)'라는 용어를 씁니다. '정신대' 혹은 '종군 위안부'라는 표현은 일본이 만들어 낸 말이지요. 정신대는 나라를 위해 몸을 바친 부대를, 종군 위안부는 본인이 원해서 위안부가 된 사람을 뜻해요. 당시 여성들이 마치 자원하여 위안부가 된 것처럼 꾸며 일본의 만행을 숨기려는 의도를 가진 말이지요.

우리나라를 비롯하여 중국, 타이완, 필리핀, 인도네시아 등 아시아 각국 여성들이 위안부로 끌려갔고, 식민지였던 우리나라 여성들이 가장 많은 수를 차지했습니다. 주로 10대 초반에서 40대까지 여성들이 끌려가 위안부가 되었어요. 학교에 다니고 싶었던 소녀는 학교에 보내 준다는 거짓말에 속았습니다. 트럭을 처음 보고 신기해하던 소녀는 트럭을 태워 준다는 말에 올라탔다가 결국 내리지 못했지요. 가난한 소녀는 공장이나 식당에 취직하거나 간호사가 되어 돈을 벌게 해 준다는 말에 사기를 당했어요. 쥐도 새도 모르게 납치당한 여성들도 있습니다. 울며 매달리는 어린아이를 둔 여성까지

'평화의 소녀상'은 2011년 12월 14일 수요집회 천 회를 맞아 주한일본대사관 앞에 처음 세워진 것을 계기로, 그 뜻을 함께하는 사람들의 힘으로 국내 지역 곳곳에 세워지고 있다.

강제로 아이를 떼어 놓고 끌고 갔지요. 도망치려는 여성을 몽둥이로 때리기도 했어요. 수많은 여성이 일본군에 의해 강제로 위안부가 되어야 했습니다.

위안부가 된 후의 생활은 인간으로서는 상상할 수도 없는 것이었어요. 일본군의 전쟁터를 따라 아시아와 태평양의 섬 곳곳으로 이동하며 위안소라는 곳에서 생활해야 했지요. 외출도 할 수 없고 한국말도 사용할 수 없었어요. 하루 10~30명의 군인을 상대하며 비참하게 생활했다고 해요. 병에 걸려도 제대로 치료받지 못했고 저항하다가 매를 맞아 죽는 경우도 허다했어요. 가족이 보고 싶어도 연락할 길이 없고 하소연할 곳도 없었습니다.

"나 같은 사람이 다시는 없어야지"

일본의 패배로 전쟁이 끝나고, 일본군은 위안부의 존재를 숨기기에 급급했어요. 관련 서류를 불태우거나 위안부를 죽이기도 했어요. 전쟁터에 버려두고 떠나는 바람에 포로수용소에서 지내거나 고향으로 돌아오지 못한 채 외국에서 거주하는 피해자도 많았습니다. 피해 여성들은 힘겹게 조국에 돌아와서도 가족 앞에 나서지 못하고 숨어서 지냈어요.

1990년대까지 일본 정부는 위안소는 존재하지 않았으며, 있었다고 하더라도 여성들이 자원하여 위안부가 된 것이라고 주장했어요.

1991년 김학순 할머니의 용기 있는 증언을 시작으로 200명이 넘는 할머니들 증언이 이어지며 일본의 만행이 드러나기 시작했습니다. 일본 방위성 도서관에서는 위안소가 있었다는 증거가 발견되었고요. 미국에서도 일본군이 위안부를 모집했다는 증거 자료가 나타났어요. 국제 사회에서도 인권이 짓밟힌 할머니들을 위한 움직임이 일어났습니다.

유엔 인권위원회는 "위안부는 불법이며, 할머니들이 이미 나이가 많기 때문에 더 늦기 전에 빨리

사과하라."라고 촉구했지요. 하지만 일본 정부는 여전히 일본군 위안부의 존재를 부정하며 사과하지 않고 있습니다. 1995년 7월 '여성을 위한 아시아 평화 국민 기금'을 설립하여 피해 여성에게 보상하겠다고 했을 뿐이에요.

20년 넘게 수요집회를 이어 가는 할머니들은 이러한 보상금을 원하는 게 아닙니다. "지금 세상에는 그런 일이 없어야지. 나 같은 사람이 다시는 없어야지. 내 잘못도 아닌데 일생을 다 잃어버리고……"라고 말하는 할머니들의 모습에는 국민을 지키지 못한 우리나라의 아픈 역사, 특히 여성의 슬픔이 담겨 있어요. 할머니들이 고령임에도 집회에 나서는 까닭은 이 세상에서 여성의 인권이 무참히 짓밟히는 일이 다시는 반복되지 않기를 바라는 마음에서입니다. 하루빨리 일본의 진심 어린 사과와 적합한 배상, 엄중한 책임자 처벌이 이루어져야겠지요.

NEWS

4

문화
스포츠
과학

원수도 잠시 손잡는
평화의 축제 올림픽

올림픽이 고대 그리스에서 처음 시작되었다는 걸 알고 있나요? 그런데 고대 그리스 사람들은 왜 올림픽을 했을까요? 그리스에서 시작된 올림픽이 어떻게 전 세계인의 축제가 되었을까요?

그리스는 우리나라의 남해안처럼 섬이 많고 해안선이 복잡한 지형을 가졌어요. 그래서 통일 국가를 이루지 못하고 여러 도시 국가가 만들어졌지요. 도시 국가마다 섬기는 신(神)이 다르고, 정치 체제도 달랐어요. 전쟁도 자주 일어났고요. 그런데 이들이 서로 화합해야 하는 시기가 있었어요. 바로 신을 위한 제전(祭典)이 열릴 때였지요.

그리스의 올림피아 제전이 개최됐던 유적지.

신들을 위한 축제, 올림피아 제전

신들의 왕인 제우스를 섬기던 엘리스 왕국(올림피아)에서는 제사와 음악, 운동이 어우러진 올림피아 제전을 4년에 한 번씩 개최했습니다. 그 밖에 델피의 피티아 제전과 2년마다 열린 아르골리스의 네메아 제전, 코린트의 이스트미아 제전도 있었어요. 여자만 참가하는 '헤라 제전'도 열렸답니다.

이 중 으뜸은 올림피아 제전이었어요. 올림피아 제전에는 순수한 그리스인 남자만 참가할 수 있었지요. 이들은 실오라기 하나 걸치지 않은 몸에 올리브기름을 듬뿍 바르고 경기에 참가했어요. 처음에는 달리기 종목만 있다가 점차 원반던지기, 창던지기, 레슬링, 멀리뛰기 등으로 확대되었어요. 경기 중에 반칙하는 사람은 혹독한 채찍질을 당했고, 만약 경기를 구경하려는 여자가 있다면 깊은 계곡에 던져졌습니다.

신들을 위한 제전이 열리는 기간에는 전쟁도 중단해야만 했어요. 그리스인들은 운동 경기를 통해 육체를 단련하고, 도시 국가 간 평화와 화합까지 이루었던 거예요. 그리스 도시 국가들이 마케도니아에 의해 멸망하고 나서도 올림피아 제전은 알렉산드로스 제국과 로마 제국으로 이어졌어요. 그러다가 크리스트교를 국교로 삼은 로마 테오도시우스 황제 때에 이르러 '이교도의 제사 의식'이라는 이유

1896년 그리스 아테네에서 열린 제1회 올림픽 포스터.

로 금지되었지요. 기원전 776년부터 서기 393년까지 293회에 걸쳐 개최되었던 올림피아 제전은 이렇게 역사의 뒤안길로 사라지는 듯했어요.

현대사와 운명을 함께한 올림픽

근대에 이르자 유럽에서 자유와 평등을 강조하는 시민 혁명이 일어나고 자유주의와 민족주의 열기가 확산되었습니다. 그리고 1829년 오스만 제국의 식민지였던 그리스가 마침내 독립했지요. 그리스 곳곳에서 고대 문화 발굴 작업이 이루어지고, 고고학자 크루티우스가 폐허 속에서 올림피아 유적지를 발굴했어요.

하지만 올림피아 제전이 다시금 주목받은 것은 프랑스의 피에르 쿠베르탱 남작 덕분이었답니다. 쿠베르탱은 프로이센-프랑스 전쟁에서 패배한 프랑스 청소년들의 기상을 일깨우고 싶었어요. 그는 특히 영국 학생들이 운동을 통해 건전한 청소년 문화를 만들어 가는 모습에 감동했다고 해요.

마침 올림피아 유적지 발굴 소식을 접한 그는 올림피아 제전 기

제1회 올림픽에서 카를 슈만과 게오르기오스 치타스가 레슬링 결승전이 열리기 전에 악수를 하고 있는 모습.

간에는 그리스 사람들이 전쟁도 중단했다는 사실에 주목했어요. 경기 승패를 떠나 세계인이 함께하는 운동 경기를 통해 평화를 이루고자 했지요. 그의 노력으로 1894년 IOC(International Olympic Committee, 국제올림픽위원회)가 만들어지고,

드디어 1896년 그리스 아테네에서 제1회 근대 올림픽이 개최됩니다. 1,500여 년 만에 올림픽이 부활한 것이지요.

올림픽은 점차 참여국과 경기 종목이 늘어나면서 명실상부한 세계인의 축제가 되었어요. 그리고 현대사와 운명을 함께하게 되었지요. 그런데 고대와 달리 대회 기간에 전쟁이 중단되는 것이 아니라 전쟁 때문에 대회가 중단되곤 했어요. 제1차 세계 대전이 한창이던 1916년 베를린 올림픽이 취소되었지요. 그리고 제1차 세계 대전에서 패한 독일, 오스트리아, 헝가리, 터키는 전쟁이 끝나고 열린 1920년 벨기에 앤트워프 올림픽에 초대받지 못했어요.

제2차 세계 대전 중에도 두 차례나 올림픽이 열리지 못했고요. 전쟁이 끝난 뒤 독일과 일본은 전쟁에 대한 책임 때문에 1948년 런던 올림픽에 초대받지 못했습니다. 이후 세계는 미국을 중심으로 한 자유 진영과 소련을 중심으로 한 공산 진영으로 갈라졌어요. 우리는 이 시기를 '냉전(冷戰) 시대'라고 부르는데, 1980년 소련(오늘날 러시아) 모스크바 올림픽에는 미국을 비롯한 자유 진영 국가가 대거 불참하기도 했어요. 우리나라도 이 대회에는 출전하지 않았고요. 이어 1984년 미국 로스앤젤레스 올림픽에는 반대로 소련 등 공산 진영 국가들이 불참했지요. 올림픽이 시대 모습을 고스란히 보여 주는 사례라고 할 수 있어요.

다행히 1988년 서울 올림픽 이후로는 전 세계가 화합하는 모습을 보여 주고 있답니다. 쿠베르탱은 "인간의 성공을 결정짓는 것은 우승이 아니라 얼마나 노력했느냐이다. 인생에서 가장 소중한 것은 얼마나 정정당당히 최선을 다했느냐이다."라고 말했어요. 최선을 다해 노력했고, 또 정정당당히 경기를 치를 모든 선수에게 박수를 보냅니다.

⭐🎙한 번 더 생각해야 들리는 뉴스

올림픽, 좋은 면만 있을까?

'올림픽 반대 운동'에 대해서 들어 본 적이 있나요? 건강한 스포츠 경기로 나라 간 화합을 도모하는 올림픽을 왜 반대하느냐고요? 그들의 주장에 따르면 올림픽은 결코 좋은 효과만 가져오는 것은 아니라고 합니다. 엄청난 자본이 투입되면서 오히려 재정 위기를 불러오고, 환경이 파괴되며, 이주민 문제 등을 낳기도 하고요.

실제로 2004년 그리스 아테네 올림픽은 경제적 관점에서 최악의 올림픽으로 꼽히는데요. 당시 적자 규모가 90억 달러였는데, 이 액수는 그리스 GDP의 3.9%에 해당했습니다. 그리스 재정 위기를 불러온 주범 중 하나가 올림픽이었던 거지요.

이런 문제들 때문에 몇몇 나라들은 올림픽 유치를 신청하기 전에 먼저 주민 투표를 실시해서 의견을 묻기도 합니다. 독일이 2022년 동계올림픽에 대해 주민투표를 했다가 반대가 많이 나와서 결국 신청을 포기했고요, 스위스도 같은 이유로 2026년 동계올림픽을 포기했다고 합니다.

경제적 문제뿐 아니라 환경 파괴 문제도 생길 수 있습니다. 2018년 평창 동계올림픽 반대 운동의 주요한 이유 중 하나가 바로 강원도 정선군의 가리왕산이었는데요. 가리왕산 중봉과 하봉 일대에 2000억 원 이상을 들여서 스키 경기장을 지었는데, 이 경기장은 올림픽 기간에 쓰이고 다시 해체된다고 해요. 며칠간의 스키장을 위해서 500년 된 숲을 파괴한 셈이지요.

©녹색연합

색깔에도 계급이 있다고?

연휴가 되면 영화관이 사람들로 북적대지요. 요즘은 영화관에서 1000만 관객을 돌파한 영화가 많아졌어요. 그만큼 영화에 대한 관심이 높아져 영화제나 시상식도 많아졌지요. 행사가 열린 날, 어느 여배우가 어떤 드레스를 입었는지는 초미의 관심사가 되기도 해요.

배우들이 걸어가는 길에는 레드카펫이 길게 놓여 있지요. 미국 아카데미 시상식은 물론이고, 우리나라 영화제나 규모 있는 시상식 모두 마찬가지입니다. 그런데 왜 귀한 손님이나 유명인을 맞이할 때는 레드카펫을 이용하는 걸까요? 다른 아름다운 빛깔들도 많은데 말이지요.

언제부터 격식이 있는 행사에 붉은색 양탄자를 깔게 되었는지, 그리고 그 색깔에 담긴 놀라운 비밀은 무엇인지 알아볼게요.

동물성 원료로
물감을 만들기 시작하다

염색 기술이 부족했던 고대 서양에서 대부분 사람은 염색하지 않은 옷을 그냥 입었어요. 물론 풀이나 꽃을 이용해서 물을 들이기도 했어요. 하지만 빨래를 하면 색이 빠지고, 햇볕을 쬐면 바래기 일쑤였어요.

식물성 원료를 이용한 염색에서 한 걸음 더 나아가 질 좋은 동물성 원료를 사용한 사람들이 바로 페니키아인이에요. 알파벳을 처음으로 만들고, 지중해를 누비며 상업 활동을 한 것으로도 유명하지요. 그리스 사람들은 이들을 '자주색 사람'이라는 뜻으로 '포에니(poeni)'라고 불렀지요. 그리스어로 자주색을 뜻하는 포이닉스(phoinix)에서 온 말이지요. 페니키아인이 지중해의 해상권을 두고 로마인과 다툰 전쟁을 포에니 전쟁이라고 부르는 것은 그 때문이에요.

페니키아인들은 염색에 관심이 많았어요. 지중해에 사는 '푸르푸라(purpura)'라는 소라의 내장을 항아리에 넣고 끓이면 고약한 냄새와 함께 자주색 물감을 얻을 수 있었지요. 푸르푸라에서 영어로 보라색을 뜻하는 퍼플(purple)이라는 말이 나왔답니다. 그런데 만드는 방법이 까다로울 뿐만 아니라 적은 양의 염색 물감만 나왔지요. 1g의 자주색 물감을 얻기 위해서는 1만 개나 되는 소라가 필요했어요. 더 많은 물감을 얻기 위해 인근에 있는 바닷가의 바위를 파서 소라 양식장을 만들었지요. 부서진 소라 껍데기들은 언덕을 이룰 만큼 쌓여 갔어요.

당연히 이렇게 염색한 옷감은 금과는 비교도 할 수 없을 만큼 비싼 가격에 거래됐지요. 그리고 물감을 만드는 방법은 극비리에 유지됐어요. 자주색

이탈리아 라벤나의 산 비탈레 성당에 있는 모자이크 작품. 유스티니아누스 황제와 신하들의 모습이다.

옷을 입는다는 것은 부와 권력, 사치와 향락의 상징이 됐지요.

자주색 물감을 만드는 방법은 로마 제국으로 이어졌어요. 성경에는 로마 군인들이 예수에게 가시관을 씌우고 자주색 옷을 입혀 유대인의 왕이라고 조롱하는 장면이 나옵니다. 자주색이 왕의 복장이었기 때문이지요.

로마 제국이 분열되고 나서 비잔틴 제국에서는 직접 염색 물감을 생산하고 판매를 관리했어요. 철저히 보안을 유지해 고귀한 황제와 추기경을 상징하는 색으로 삼았어요. 532년 성 소피아 성당을 짓느라 무거운 세금에 시달리던 시민이 니카의 반란을 일으켰을 때, 도망가려는 유스티니아누스 황제에게 테오도라 황후가 "폐하가 입고 계신 자주색 옷은 가장 큰 권위를 상징합니다. 이 자주색 옷을 수의(壽衣)로 삼아 당당히 맞서세요."라고 말한 것은 유명한 이야기입니다.

우리도 빨간 망토를 입게 해 달라!

지나치게 보안을 유지했기 때문일까요? 1453년 비잔티움 제국이 오스만 제국에 멸망한 이후 자주색 물감을 만드는 비법도 함께 사라졌습니다. 꿩 대신 닭이라고 붉은색을 사용하기 시작했어요. 이후 황제와 추기경들의 색은 자주색 대신에 붉은색으로 바뀌게 됐지요.

붉은색 염료는 선인장을 먹고 사는 암컷 연지벌레에서 얻었어요. 연지벌레를 모아서 말리고 물에 넣고 끓여서 여러 물질과 반응하도록 하면 붉은 색소가 만들어졌지요. 10kg의 옷감을 염색하려면 자그마치 연지벌레 10만 마리 이상이 필요했어요.

선인장에 붙어 있는 연지벌레의 모습. ©Zyance

이후 붉은색은 가장 고귀한 신분을 상징하는 색이 됐지요. 황제와 귀족은 붉은 옷을 입으면서 평민은 못 입게 했으며, 심지어 집 안을 붉은색으로 장식할 수 없도록 법으로 정해 버렸어요.

중세 서양에서는 붉은색 옷 한번 입어보는 게 소원인 사람도 생겨났어요. 루터의 종교 개혁 영향으로 1524년 독일에서 대규모 농민전쟁이 일어났을 때였어요. 메밍겐 지역 농민들은 12개 조항을 요구했는데, 그중 하나는 빨간 망토를 입게 해

러시아의 차르 알렉산드르 2세의 대관식 연회 모습을 그린 그림.

달라는 것이었지요. 모든 사람이 똑같이 붉은
옷을 입을 수 있다는 것은 농민의 지위
가 올라가고 평등해진다는 의미였
거든요. 전쟁에 가담한 30만 명의
농민 중 10만 명이 잔인하게 학살되
면서 이 소원은 결국 이루어지지
못했어요.

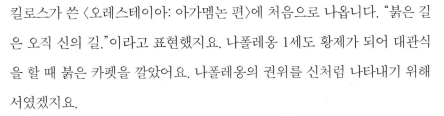

　이렇게 고귀한 붉은색 천이 바
닥에 깔리는 것은 고대 그리스의 아이스
킬로스가 쓴 〈오레스테이아: 아가멤논 편〉에 처음으로 나옵니다. "붉은 길
은 오직 신의 길."이라고 표현했지요. 나폴레옹 1세도 황제가 되어 대관식
을 할 때 붉은 카펫을 깔았어요. 나폴레옹의 권위를 신처럼 나타내기 위해
서였겠지요.

　이후 유럽 왕실에서 외국 귀빈에 대한 극진한 환영의 의미로, 지나가는
길에 레드카펫을 사용해 왔답니다. 헌신과 열정, 사랑, 피, 성령을 상징하는
붉은색의 이면에는 이렇듯 권력이 숨겨져 있습니다.

'한류 열풍'의 원조!
좋은 것은
모두 백제에서 왔네

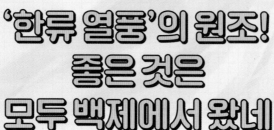

베트남의 패스트푸드점에서 우리나라 걸그룹 댄스 가요를 듣는 일은 낯설지 않습니다. 태국이나 프랑스 거리에서도 청소년들이 우리 가요를 흥얼거리는 모습이 심심찮게 보이지요.

'케이팝'이라 부르는 우리 가요나 드라마, 음식 등은 이제 아시아를 넘어서 유럽, 남아메리카 등지에서도 새바람을 불러일으키고 있어요. 조선 시대 의녀 이야기를 담은 드라마 〈대장금〉은 이란에서 최고 시청률 90%에 이를 정도로 대단한 인기를 누렸습니다.

뜨거운 한류 열풍이 우리 국민에게 한국인으로서 자부심을 느끼게 하지요. 그런데 이런 한류 열풍은 최근에 나타난 현상이 아니랍니다. 고대 우리 조상의 문화 역시 이웃 나라 일본에서 한류 열풍을 일으켰다고 해요.

일본 고대 문화의 뿌리, 아스카 문화

일본어에는 '구다라나이(くだらない)'라는 단어가 있어요. '시시하다', '하찮다'는 뜻을 가진 말이지요. 이 단어의 어원에 대해 여러 가지 설이 있는데, 그중 가장 널리 알려진 게 백제와 관련되었다는 설이에요. '구다라(くだら)'는 일본어로 '백제', '~나이(~ない)'는 '~이 아니다.'라는 뜻입니다. 이를 조합해 보면 '구다라나이'는 '백제가 아니다.', 즉 '백제에서 온 물건이 아니다.' 또는 '백제 물건이 아니라면 별것 아니다.'라는 의미이지요.

전하는 이야기에 따르면, 일본 제35대 고교쿠 여왕이 아끼던 하시히토 공주는 정원에 핀 붉은 꽃을 매우 좋아했어요. "이 꽃은 구다라(백제)에서 왔어요."라는 시녀 말에 공주는 "좋은 것은 모두 구다라에서 왔구나."라고 말

일본에서 가장 오래된 불교 사찰인 나라현의 아스카데라. 많은 백제인 기술자가 아스카데라 건설에 참여했다. ⓒ663highland

하며 몹시 감탄했다고 해요. 백제 물건을 최고로 여겨 칭송했던 일본인의 모습을 엿볼 수 있는 일화이지요.

그런데 당시 일본 사람들은 왜 백제를 '구다라'라고 불렀을까요? '큰 나라'라는 뜻에서 '구다라'라고 불렀다는 주장이 있는가 하면, 백제인이 일본에 올 때 구드래 나루터에서 배를 타고 왔는데 '구드래'가 '구다라'로 변형되어 백제를 지칭하는 말이 되었다는 주장도 있어요.

백제에서 전해진 불교와 학문, 각종 문물은 고대 일본을 크게 변화시켰습니다. 일본에서 가장 오래된 불교 사찰인 아스카데라(飛鳥寺)는 백제인의 기술로 만들어졌다고 알려졌어요. 일본에서 백제의 영향을 받아 만들어진 문화를 '아스카 문화'라고 부르는데, 아스카 문화는 일본 고대 문화의 뿌리가 되었지요.

백제에서 건너온 사람들은 일본 곳곳에 그들의 흔적을 남겼어요. 그래서 지금도 일본 지명 중에는 구다라 또는 백제와 관련된 것이 많아요. 백제와 가까운 규슈 일대뿐만 아니라 오사카 지역에도 남백제초등학교, 오사카 철도의 백제역, 시내버스 정류장인 백제, 백제대교, 백제교, 백제신사 등이 있어, 이곳이 과거 백제인의 터전이었음을 짐작할 수 있어요.

관계 회복은
바른 역사 인식에서부터

백제만 일본에 문화를 전파한 것은 아니에요. 당시 우리나라는 고구려, 백제, 신라가 각축을 벌이며 성장하던 삼국 시대였고, 일본은 아직 국가로 성장하지 못하고 있었지요. 삼국 중 가장 먼저 백제가 일본에 문화를 전파했고, 이후 신라와 고구려도 앞서거니 뒤서

거니 선진 문물을 전달하며 교류를 이어 나갔어요.

백제의 근초고왕 때 학자인 아직기는 일본 태자의 스승이 되었으며, 왕인 박사는 천자문과 논어를 전해 주었어요. 백제 성왕의 사신이었던 노리사치계는 일본에 불교를 전해 주었고요. 이 밖에도 천문, 역법, 지리, 유학, 비단 기술 등이 우리나라에서 일본으로 전해졌어요. 고구려 영양왕 때 승려였던 혜자는 쇼토쿠 태자의 스승으로 알려졌으며, 담징은 종이와 먹 제조법을 전해 주었습니다. 신라 역시 배를 만들거나 성을 쌓는 기술, 불상 제조 기술 등을 전하며 고대 한류를 이어 갔지요.

그래서 일본 문화재 중 우리나라에서 만들었으리라 생각되는 것이 꽤 많아요. 일본 국보 1호로 알려진 고류지(廣隆寺)의 미륵보살반가사유상은 누가 보더라도 우리나라의 국보 83호 금동미륵보살반가사유상을 쏙 빼 닮았지요. 게다가 일본에서는 자라지 않는 나무인 적송으로 만든 불상이라는 사실이 밝혀지면서 한반도에서 건너간 불상이라는 설에 무게가

한국의 국보 83호 금동미륵보살반가사유상(왼쪽)과 일본의 국보 1호 미륵보살반가사유상(오른쪽). 생김새와 자세가 매우 비슷하다. ⓒangkor22 / 小川晴暘 上野直昭

실리고 있어요. 일본의 자랑인 호류지(法隆寺)의 백제관음보살입상(일명 구다라관음) 역시 흘러내리는 옷자락과 아름다운 곡선미 등이 백제인의 솜씨를 여실히 보여 주지요.

매년 11월이면 오사카의 시텐노지(四天王寺)에서는 '왓소 마쓰리'라는 축제가 열려요. 옛날 우리나라와 일본의 문화 교류 모습을 재현하는 축제라고

해요. 축제에 참가한 사람들이 "왓쇼이!"라고 외치며 행진하는데, '왓소'라는 말은 우리말 '왔소'에서 유래한 것으로 추정되고 있어요. 이날에는 고구려의 혜자를 선두로 가야의 우륵, 백제의 왕인, 삼국을 통일한 김춘추 등 삼국 시대 인물뿐 아니라 세종대왕이나 조선통신사 모습으

옛날 우리나라와 일본의 문화 교류를 기념하는 축제, 왓소 마쓰리. 조선 왕조의 행진과 무용을 재현하고 있다. ©MASA

로 분장한 수천 명이 거리에서 행진을 벌입니다.

지난 2001년, 아키히토 일왕은 "역사책 《속일본기》에 간무 일왕의 어머니가 백제 무령왕의 후손이라고 쓰여 있어 한국과 혈연 있음을 느낀다."라고 이야기했어요. 그만큼 예부터 우리나라와 일본이 친밀한 관계를 맺어 왔다는 뜻이겠지요.

하지만 몇 년 사이 일본이 일본군 위안부 존재 부정, 독도 영유권 주장, 동해의 일본해 표기, 역사 교과서 왜곡, 야스쿠니 신사 참배 등 갖가지 문제를 일으키면서 한일 관계는 계속해서 냉각되고 있어요. 우리나라뿐 아니라 중국 등 세계 여러 나라와 마찰을 빚고 있지요. 일본 아베 정권이 추구하는 '강한 일본 되찾기'를 위해서는 바른 역사 인식을 갖고 주변국들과 소통하며 화해하는 길이 최우선 아닐까요?

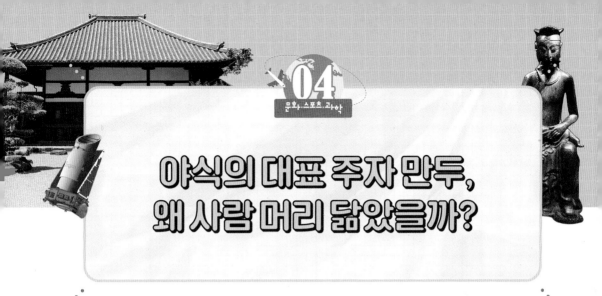

야식의 대표 주자 만두, 왜 사람 머리 닮았을까?

요즘 텔레비전은 그야말로 요리 세상이에요. 스타 셰프와 요리하는 남자가 등장해 음식을 만드는가 하면, 그것을 맛있게 먹는 장면도 나오지요. 그 장면을 보고 있자니 알록달록한 색감을 자랑하는 봄나물의 새콤달콤한 맛이 텔레비전 밖으로 튀어나올 것만 같지요.

요리에 열광하는 대한민국. 과연 실제로 요리하는 시간은 얼마나 될까요? 글로벌 조사 업체의 연구 결과에 따르면, 카레의 나라로 불리는 인도의 성인들이 일주일에 13.2시간 요리하는 것에 비해 한국인의 요리 시간은 일주일에 3.7시간에 불과하다고 해요. 아마도 다양한 길거리 음식이 발달하고, 편리하게 즐길 수 있는 배달 음식이 많기 때문이겠지요.

우리나라와 가까이에 있는 중국 역시 외식 문화가 발달한 나라지요. 사먹는 것을 좋아하는 중국인들도 집에서 자주 만드는 음식이 있다고 해요. 바로 만두인데요. 이번에는 만두에 대한 이야기를 해 볼까 해요.

새해 첫 음식은
역시 만두!

섣달그믐 날 밤이면 중국인들은 고향 집에 모여 앉아서 만두를 빚어요. 그러다가 묵은해와 새해가 교차하는 자정이 되면 가족의 화목과 복을 기원하며 만두를 먹기 시작하지요. 만두 종류 중 하나인 교자를 뜻하는 '자오쯔'가 '자시(밤 11시부터 새벽 1시)가 되다(交在子時).'라는 말과 발음이 비슷하기 때문이에요. 새해를 알리는 첫 식사가 바로 만두인 셈이지요.

이외에도 중요한 명절에 중국인들은 자주 만두를 먹어요. 쫄깃한 만두피 속에 가득 찬 고기와 야채를 씹는 맛도 일품이지만, 만두에는 따뜻한 일화가 얽혀 있기 때문이에요.

오늘날 중국 문화의 기틀을 세운 한(漢)이 멸망하고 난 다음, 중국은 혼란에 빠져들었어요. 우후죽순처럼 많은 나라가 생겨났다가 강한 나라에 합쳐지곤 했지요. 이후 가장 강한 나라는 조조가 세운 위나라였어요. 그리고 여러분이 삼국지를 통해서 잘 아는 유비가 세운 촉나라, 손권이 세운 오나라가 있었지요.

유비 밑에서 승상 역할을 하던 제갈공명은 강한 나라에 맞서기 위해서는 약한 나라끼리 연합을 해야 한다고 생각했어요. 마치 우리나라에서 고구려가 강했을 때는 신라와 백제가 나제동맹을 맺고, 신라가 강했을 때는 고구려

《삼국지연의》에서 유비, 관우, 장비가 의형제를 맺는 '도원결의' 장면을 표현한 그림.

와 백제가 여제동맹을 맺은 것처럼 말이에요. 제갈공명의 뜻에 따라 촉나라는 오나라와 연합하기도 하며 위나라에 맞서 세력을 키웠지요.

이 이야기를 엮어 작가 나관중은《삼국지연의》라는 소설을 썼지요.《삼국지연의》는 3세기 진수가 쓴《삼국지》라는 역사책에 드라마틱한 이야기를 덧붙여 놓은 책이에요.

무고한 이를 해치지 않으려는 마음이 담긴 음식

《삼국지연의》에서 촉나라의 유비는 세상을 떠나기 전, 제갈공명을 불러 아들인 유선이 황제로서 세상을 잘 통치할 수 있도록 도와달라고 하지요.

여러모로 부족한 유선이 황제가 되자, 여기저기서 혼란이 싹트기 시작했어요. 남쪽 운남성 지역에서 맹획이라는 장수를 중심으로 큰 반란도 일어났어요. 이때 제갈공명은 부하들에게 "절대로 맹획을 죽여서는 안 된다. 반드시 산 채로 잡아오너라."라고 명령했어요.

첫 번째 전투에서 맹획은 매우 분한 표정으로 끌려왔어요. 제갈공명은 풀어 줬지요. 잡혀 오면 다시 풀어 주기를 반복해, 일곱 번 잡혀 오고 일곱 번 풀어 줬다는 뜻에서 칠종칠금(七縱七擒)이라는 고사성어가 만들어지기도 했어요. 마음대로 잡을 수도 있고 놓아줄 수도 있는 경우에 사용해요.

남만족의 우두머리 맹획을 그린 그림.

남만족　　　　　　　　만두

이렇게 일곱 번을 반복한 후 맹획은 제갈공명 앞에서 충성을 맹세하게 됐지요.

남쪽 오랑캐들을 성공적으로 진압한 제갈공명은 돌아오는 길에 노수라는 강을 지나게 돼요. 오늘날 양쯔강의 한 줄기에 해당하지요. 그런데 이상하게도 세찬 바람이 불며 하늘이 어두워지고, 도저히 강을 건널 수 없을 만큼 거센 파도가 일었어요. 이유를 알 수 없어서 나아가지도 돌아가지도 못하고 있었지요. 누군가 말하기를, "물의 신께서 노하셨습니다. 이럴 때는 남쪽 오랑캐들의 풍습에 따라 49명의 사람을 죽여 그 머리를 강물 속에 던져 제사를 지내면 잔잔해질 것입니다." 하는 것이 아니겠어요?

제갈공명은 잠시 생각하더니 "남쪽 오랑캐 정벌도 끝난 마당에 무고한 사람을 죽일 수는 없다. 그러니 오랑캐 머리처럼 보이게 사람 머리 모양으로 밀가루 반죽을 하여라. 반죽 안에는 양고기와 돼지고기, 염소고기를 넣어 제사를 지내라."라고 했어요. 이렇게 만들어진 남쪽 오랑캐 머리 모양의 음식을 강물에 던지니 놀랍게도 잔잔해졌다고 해요.

남쪽 오랑캐를 뜻하는 남만족의 머리라 하여 만두(蠻頭)라고 하다가 한자가 '饅頭'로 변했다는 유래가 전해지고 있지요. 사실인지 아닌지는 정확히 알 수 없지만, 만두의 유래 중 가장 널리 알려져 있어요. 이후 이 이야기는 《삼국지연의》에 담겨 많은 사람들에게 읽혔지요.

만두는 고려 시대에 우리나라에 전해졌다고 추측하고 있어요. 만두를 훔쳐 먹은 사람을 처벌했다는 《고려사》의 기록으로 보아 아주 귀한 음식이었던 것으로 보여요. 만두가 전국으로 퍼지면서 특히 추운 북부 지방에서는 꿩고기로 육수를 내서 설날이나 귀한 손님이 오신 날 만둣국을 먹었어요. 그런데 꿩이 귀하다 보니 닭고기를 육수로 사용하는 경우가 있어 '꿩 대신 닭'이라는 속담까지 생겼답니다.

아프리카와 '황금'이 무슨 상관이냐고? 말리 왕국 모르면 말을 말라

2016년 6월에는 네덜란드 헤이그에 있는 국제형사재판소(ICC)에서 세계 문화유산인 아프리카 말리의 팀북투 유적을 파괴한 이슬람 극단주의자 알마디에 대한 재판이 열렸어요. 문화유산을 파괴하는 범죄에 대해 국제형사재판소에서 재판이 열린 것은 처음이었어요.

알마디처럼 고의적으로 문화유산을 파괴하는 행위를 반달리즘(vandalism)이라고 합니다. 프랑스 혁명 당시 교회의 건축물과 예술품을 파괴하는 군중을 본 가톨릭 주교 투르 앙리 그레구아르가 "마치 고대 게르만족 일파인 반달족(Vandals)이 고대 로마 문명 유적을 파괴한 것과 같다."라며 반달리즘이라는 말을 처음 사용했다고 합니다.

한번 파괴된 문화유산은 다시 원상태로 되돌릴 수 없어요. 알마디가 파괴한 팀북투 유적도 아프리카에서 찬란한 문명을 꽃피운 말리 왕국의 문화유산이기에 많은 사람이 안타까움을 감추지 못했어요.

서아프리카 교역의 중심, 말리와 만사 무사

아프리카에도 이집트 외에 찬란한 문명이 있었다는 사실을 아는 사람은 많지 않아요. 아프리카 서쪽에 사하라 사막을 끼고 있는 말리 공화국의 자리에는 13~17세기 '황금의 나라'로 불린 말리 왕국이 있었어요. 당시 전 세계 황금의 70%가 말리 왕국에서 생산될 정도로 말리 왕국에는 엄청난 양의 금이 매장되어 있었답니다. 게다가 말리 왕국 북쪽에는 암염(돌소금)이 풍부하게 매장되어 있어 소금 무역으로도 막대한 수익을 거뒀어요. 말리의 상인들은 낙타에 금이나 소금을 싣고 사하라 사막을 건너는 목숨을 건 무역을 통해 엄청난 부를 거머쥐었다고 해요. 말리 왕국의 수도 팀북투는 당시 사하라 사막을 가로질러 아프리카 서쪽과 북쪽을 연결하던 서아프리카 교역의 중심지였답니다.

왕국의 전성기를 이끈 것은 14세기 말리 왕국을 통치한 만사 무사였어요. 만사 무사가 통치하던 시기 말리 왕국은 경제적 번영을 누리는 동시에 영토도 방대했어요. 아라비아의 탐험가 이븐 바투타는 자신의 여행기에 "말리 왕국 북쪽 끝에서 남쪽 끝으로 여행하는 데 4개월이 걸렸다."라고 적었답니다. 만사 무사가 소유한 재산도 어마어마했는

말리의 고대 도시 팀북투에 있는 징게르베르 사원의 모습. 지난 2012년 말리의 이슬람 반군은 이 사원 내부에 있는 이슬람 성자들의 무덤을 파괴해 국제사회의 비난을 받았다.
©KaTeznik

데, 오늘날 기준으로 그의 재산을 환산하면 4000억 달러(약 455조 원)라는 천문학적인 액수가 나온다고 해요.

만사 무사가 당시 전 세계에 이름을 알리게 된 계기는 인류 역사상 가장 호화로운 여행으로 꼽히는 그의 성지 순례 때문이에요. 열렬한 이슬람교 신봉자였던 만사 무사는 1324년 이슬람교의 성지인 메카를 향해 성지 순례에 나섰는데 노예 1만 2000명과 아내 800명, 그리고 황금 11t을 실은 낙타 100여 마리와 만사 무사를 호위할 5만여 명의 군대가 동원됐어요. 말을 탄 만사 무사 앞에는 금장식 지팡이를 든 노예 500명이 앞장섰다고 합니다.

이 거대한 행렬이 니제르 강가를 출발해 사우디아라비아의 메카까지 장장 4,000km를 이동했다고 상상해 보세요. 정말 장관이었겠지요? 번쩍이는 황금과 페르시아 비단옷으로 치장한 만사 무사의 일행은 어디서나 이목을 집중시켰고, 이 광경을 본 사람들은 만사 무사를 '아프리카의 태양'이라고 불렀다고 합니다.

문화유산을 파괴하는 것은 전쟁 범죄

씀씀이가 컸던 만사 무사는 매주 금요일 행렬을 멈추고, 멈춘 곳에서 이슬람 모스크(이슬람교 예배당)를 짓도록 돈을 기부하고 가난한 사람들에게 금을 나누어 주었어요. 역사 기록에 따르면 이집트 카이로에 도착한 만사 무사가 친선의 표시로 엄청난 양의 금을 선물했는데, 그 양이 얼마나 많았던지 카이로의 금값이 대폭락한 뒤 12년이 넘도록 원래 수준을 회복하지 못했다고 해요. '아프리카의 엘도라도(황금의 나라)'라는 말리 왕국의 별명은 이런 일화들이 유럽에 전해지면서 생긴 것이지요.

만사 무사의 성지 순례는 말리 왕국이 문화적 번영을 이루는 계기가 되기도 했어요. 만사 무사가 순례를 마치고 돌아오는 길에 수많은 건축가와 예술가, 학자를 팀북투로 데려왔기 때문이지요. 이후 팀북투는 신학과 법학, 의학, 수사학, 논리학, 천

만사 무사가 황금 동전을 들고 있는 모습을 표현한 그림.

문학 등이 활발히 연구되는 세계적인 학문의 중심지가 되었어요. 당시 세계 각지에서 팀북투에 모여든 학생만 2만 5000명에 달했다고 합니다.

하지만 만사 무사가 죽은 뒤 말리 왕국은 점점 쇠퇴했고 17세기 무렵 송가이 제국의 침략으로 멸망하고 말았어요. 말리 왕국의 찬란한 역사가 잊힌 것은 말리의 자연환경이 급속도로 사막화된 영향도 있지만 말리 왕국의 유적에 대한 반달리즘이 여러 흔적을 지웠기 때문이에요.

우리 민족도 병인양요 때 외규장각 문서가 소실되거나 약탈되는 등 반달리즘 피해를 겪었어요. 유럽에서는 종교개혁 후 신교도들이 가톨릭 성당의 조각과 벽화를 파괴하거나 이슬람 국가가 그리스 정교의 문화유산을 파괴하는 반달리즘이 끊이지 않았고요. 2001년에는 아프가니스탄의 바미안 석불이 파괴됐고, 2015년에는 시리아의 팔미라 고대 유적이 훼손되는 등 최근에도 반달리즘은 계속되고 있답니다.

세계의 문화유산은 인류 공동의 재산이며 문화유산을 파괴하는 반달리즘은 전쟁 범죄와 같은 행위임을 우리는 잊지 말아야 해요.

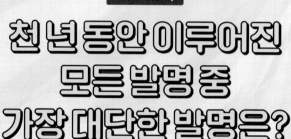

천년동안 이루어진 모든 발명 중 가장 대단한 발명은?

여러분은 새 학년 새 학기에 새로운 교과서를 받을 때, 어떤 기분인가요? 궁금해서 바로 펼쳐 보는 친구도 있겠고, 너무 익숙해서 지겹다고 느끼는 친구도 있을 거예요.

요즘은 종이로 만든 교과서 말고 컴퓨터로 다양한 활동을 할 수 있는 e-교과서도 사용되고 있어요. 그저 읽기만 하는 교과서가 아니라 게임을 하고, 노래하고, 말하는 교과서로 바뀌는 중이지요.

그런데 여러분은 언제부터 종이로 된 책이 사람들에게 널리 읽혔는지 알고 있나요? 지금이야 우리 주변에 무수히 많은 책이 있지만, 먼 옛날엔 정말 귀하디귀한 존재였답니다. 5,000여 년 전, 문자가 처음 만들어진 후로 사람들은 많은 이야기를 기록했어요. 종이가 없던 시절에는 바위나 진흙으로 만든 점토판, 나무판, 동물의 가죽, 금속판 등 다양한 곳에 글을 남겼지요.

옛날에는 책을 어떻게 만들었을까?

시간이 흐르면서 사람들은 책을 만들기 시작했는데, 처음에는 똑같은 책을 여러 권 만들기가 매우 어려웠어요. 내용을 사람 손으로 일일이 베껴 써서 만들어야 했거든요. 중국에서 발명된 종이와 목판 인쇄술이 유럽에 전해지고 나서도 유럽 사람들은 여전히 책을 손으로 베껴 써서 만들었어요. 이렇게 어떤 내용을 손으로 베껴 쓰는 일을 필사(筆寫)라고 하는데, 대부분 가톨릭 교회의 수도사들이 맡았답니다.

중세 수도사들이 책을 만든 과정을 알아볼까요? 먼저 양가죽으로 만든 양피지를 부드럽게 만들어 글씨 쓸 준비를 해요. 그러고는 깃털로 만든 펜에 잉크를 찍어 한 글자씩 정성껏 옮겼지요. 여백은 아름다운 그림으로 장식했고요. 이렇게 만든 여러 장의 양피지를 하나로 묶고, 멋진 표지를 붙이면 한 권의 책이 완성됐답니다. 책 한 권을 만드는 데 2~5개월씩 걸릴 정도로 매우 어려운 과정이었어요. 만약 글을 베끼는 중에 불이라도 나면 정말 큰일이겠지요? 그래서 수도사들은 추운 겨울에도 난로를 피우지 않고, 어두운 밤에도 촛불을 켜지 않았다고 해요.

이렇게 만들어진 책 중에 가장 귀한 것은 바로 성경이었어요. 당시에 성경을 읽고 쓴다는 것은 곧 예수와 만나 대화하는 것을 의미했어요. 그

천 년 동안 이루어진 모든 발명 중 가장 대단한 발명은?

래서 성경 필사는 아무나 할 수 없는 대단한 일로 여겨졌지요. 또한 책이 몹시 귀하고 비싸다 보니 이 시기에는 도서관이나 교회 혹은 돈 많은 사람만이 책을 가질 수 있었어요. 심지어 독일의 한 대학에서는 책을 책상에 쇠사슬로 묶어 놓았을 정도라고 해요. 학생들은 자기 책을 가질 수 없으니 수업 내용을 잘 듣고 필기한 내용으로 공부할 수밖에 없었고요.

구텐베르크 금속 활자와 《42행 성서》의 탄생

14~16세기 르네상스 시대에 이르러 사람들은 인간과 자연에 관심을 갖기 시작했어요. 이러한 관심은 지식에 대한 욕구로 이어졌고, 사람들은 더 많은 책을 원하기 시작했지요. 책을 급하게 많이 만들다 보니 글자를 휘갈겨 쓰거나 틀리게 써서 알아보기 어려운 책이 많아졌어요. 자기 생각이나 신앙심, 사는 지역에 따라 같은 단어를 다르게 해석해서 옮기기도 했지요. 오랜 세월 수없이 베껴 쓰는 동안 원래 책 내용이 무엇이었는지도 불분명해졌습니다.

그 무렵 독일 마인츠에 살던 요하네스 구텐베르크는 이런 현실이 안타까웠어요. 그는 모든 교회에서 같은 내용의 성경을 볼 수 있다면 종교가 서로 갈라지는 일도 없을 것이라고 생각했지요. 한꺼번에 많은 책을 찍어 낼 수 있는 방법을 연구하던 구텐베르크는 1450년경 알파벳을 한 자씩 금속 활자로 만들어 인쇄하는 새로운 방법을 찾아냈습니다.

구텐베르크의 인쇄소에서는 어떻게 책을 만들었을까요? 먼저 아름다운 글자체를 디자인하여 금속으로 활자를 만들어요. 그런 다음 성경 내용 그대로 인쇄기의 틀 속에 알파벳을 한 자씩 배열하지요. 사람들이 읽기 쉽도록

구텐베르크(왼쪽)의 불가타 성서 제 1권, 성 히에로니무스의 편지 인쇄본(오른쪽).

글자 사이 간격이나 줄 간격도 정확하게 맞춥니다. 배열한 금속 활자에 잘 번지지 않는 잉크를 발라 종이에 대고 누름틀로 고르게 누르면 책 한 쪽이 완성되지요. 이렇게 전체 면을 인쇄하여 하나로 묶은 다음 표지를 붙이면 한 권의 책이 탄생해요.

구텐베르크의 인쇄법으로 처음 만든 책은 《42행 성서》입니다. 첫 인쇄 작업에서 180권 정도를 만들었다고 해요. 이 중 48권이 지금까지 전해지는데, 이 책들은 인류가 만든 책 가운데 가장 아름다운 책으로 인정받는답니다.

그런데 안타깝게도 이토록 놀라운 인쇄술을 만들어 낸 구텐베르크는 이 기술 때문에 망하고 말았어요. 푸스트라는 사람에게 돈을 빌린 일이 화근이었지요. 제 날짜에 돈을 갚지 못한 구텐베르크는 인쇄소와 인쇄기를 모두 빼앗기고 말아요. 하지만 그의 인쇄술 덕분에 후대 사람들은 누구나 책을 가질 수 있게 됐어요. 이 말은 곧 누구나 책을 통해 무한한 지식을 얻을 수 있게 되었다는 뜻이지요.

1997년 미국 잡지《라이프》는 지난 1,000년간 가장 중요했던 사건으로 '구텐베르크가 금속 활자로 성서를 인쇄한 일'을 꼽았다고 해요. 사실 금속 활자를 이용한 인쇄법은 우리나라에서 세계 최초로 고안했어요. 1234년에 《상정고금예문(詳定古今禮文)》을 금속 활자로 인쇄했다는 기록이 남아 있고, 현재 남아 있는 세계에서 가장 오래된 금속 활자본인《직지심체요절(直指心體要節)》은 구텐베르크의 성서보다 70년 이상 앞서 인쇄되었습니다. 자랑스러운 우리 조상의 과학 기술을 우리가 잘 이어 가야겠지요?

　　또 지금은 인쇄술에서 더 나아가 3차원 입체 프린터로 물건까지 만들어 내는 디지털 세상이 도래했어요. 옛날과는 비교할 수 없을 만큼 수많은 지식과 정보가 인터넷에 떠돌고요. 홍수처럼 쏟아지는 정보 가운데 우리에게 꼭 필요한 것을 선별하는 능력과 정보를 다루는 바른 자세를 가져야 할 때입니다.

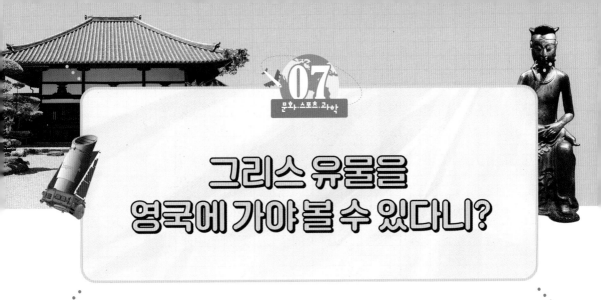

그리스 유물을 영국에 가야 볼 수 있다니?

2013년 9월, 미국 LA카운티 박물관으로부터 기쁜 소식이 날아들었습니다. 6·25 전쟁 당시 미군 병사가 종묘에서 훔쳐간 문정왕후의 어보를 되돌려 준다는 소식이었지요. 어보는 왕이나 왕비가 돌아가신 후에 만들어서 종묘에 바친 도장을 말하는데, 주로 용이나 거북 모양을 하고 있습니다. 도난당한 문화재라는 사실을 증명하기 위해 혜문 스님은 메릴랜드 국가기록원에 있는 미국 국무부 보고서를 찾아냈다고 해요.

이처럼 도난품으로 인정되면 유네스코의 '문화재 불법 반출입 및 소유권 양도 금지에 관한 협약'에 따라 돌려받을 수 있습니다. 하지만 국가 간 합의가 필요하고, 협약 내용을 강제로 요구할 수 없기 때문에 사실상 큰 어려움이 뒤따르지요.

왜 그리스 파르테논은
뼈대만 남아 있을까?

　　　　　　　　　　　　　그리스 아테네의 아크로폴리스 언덕에

있는 파르테논 신전은 그리스의 문화유산입니다. 기원전 5세기 페르시아와

의 전쟁에서 승리한 뒤 아테네 여신에게 바치기 위해 만들었지요. 당시 최

고의 건축가 익티노스가 설계하고, 조각가 페이디아스가 조각상으로 장식

했지요. 기둥 윗부분과 삼각형 모양의 지붕 장식 내부, 건물 기둥 안쪽 등 건

물 외벽 상단에는 신과 인간의 이야기를 담은 대리석 조각상들이 빼곡히 들

어서 있었다고 해요.

　　하지만 지금 파르테논은 폐허에 가깝게 뼈만 앙상한 기둥으로 남아 있어

요. 그 많던 대리석 조각상들(마블스, Marbles)은 모두 어디로 갔을까요?

　　그리스의 역사와 파르테논 신전의 운명은 함께했다고 해도 과언이 아니

영국박물관에 있는 그리스 파르테논 조각상 중 일부. '엘긴 마블스'로 불린다.
©Yair Haklai

에요. 처음에 신전이었던 이곳은 로마 제국이 통치하던 시절에는 교회가 되었어요. 오스만 제국의 지배를 받으면서부터 이슬람교 사원으로 사용되었지요. 엎친 데 덮친 격으로 1678년 베네치아와 전쟁 중에는 건물이 파손되면서 많은 조각상이 부서졌어요.

1799년 토머스 브루스 엘긴이 오스만 제국의 영국 외교관으로 오면서 본격적인 이야기가 시작됩니다. 고대 그리스 문화에 관심이 많았던 엘긴은 자기 집을 그리스풍으로 꾸미고 싶었어요. 그래서 외교관이라는 지위를 이용해 오스만 제국으로부터 파르테논 신전을 스케치하고 석고상의 본을 떠도 좋다는 첫 번째 허가장을 받았지요. 차츰 욕심이 생긴 그는 1801년부터 10여 년에 걸쳐 조각상 253점을 강제로 뜯어서 영국으로 가져갔답니다. 파르테논 신전에 남아 있던 조각상 중 상태가 양호한 거의 모든 작품이었지요. 그는 오스만 제국으로부터 영국에 가져가도 좋다는 두 번째 허가장을 받았다고 주장했어요. 하지만 엘긴은 두 번째 허가장의 원본을 제시하지 못했어요. 이 허가장이 없으면 도둑질한 것과 차이가 없음에도 말이에요.

문화재를 고향에 돌려줘!

영국으로 가져간 조각상들은 어떻게 되었을까요? 개인 사정으로 빚에 쪼들려 파산한 엘긴은 영국 정부에 이것들을 구입하라고 권했어요. 1816년 영국 의회는 대리석 조각상 구입을 위한 회의를 열었지요. 석고상을 무단으로 뜯어 온 것은 엄연한 불법이라는 의견과, 세계적인 문화유산이니 돈을 주고 사서라도 소유해야 한다는 주장이 팽팽하게 맞섰지요. 결국 찬성 82표, 반대 30표로 구입을 결정했어요. 헐값에

토머스 브루스 엘긴(왼쪽)은 그리스 아테네에 있는 파르테논 신전(오른쪽)의 수많은 조각상을 영국으로 가져갔다.

사들인 '엘긴 마블스(Elgin Marbles)' 석고상들은 지금도 영국 박물관에 전시되고 있습니다.

1832년 오스만 제국으로부터 독립한 그리스는 파르테논 신전의 일부인 석고상들을 되돌려 달라고 영국에 요구했지요. 하지만 영국 측은 다음과 같은 이유를 내세우며 반환을 거부했어요. "합법적으로 얻은 예술품이라 반환할 이유가 없다. 그리스 문화의 일부가 아니라 이미 영국과 세계 공동의 유산이 되었다. 최신의 시설과 과학적인 관리를 통해 최고 상태로 보존할 능력이 있는 영국에서 보관하는 것이 옳다."

현재 그리스는 훌륭한 시설을 갖춘 뉴 아크로폴리스 박물관을 세우고 영국이 유물들을 되돌려 주기를 기다리는 중이에요. 만약 도둑이 우리 집에 있는 물건들을 몰래 훔쳐 갔다면 어떻게 해야 할까요? 특히 그 물건이 우리 가족의 소중한 추억이 담긴 것이라면? 당연히 돌려받아야 하지 않을까요?

일본, 미국, 영국, 독일, 러시아, 프랑스, 중국 등 해외 여러 나라에 약탈당한 우리 문화재가 생각보다 많습니다. 세계를 떠돌고 있는 우리 문화재, 이제는 집으로 돌아와야 할 때입니다.

누가누가 더 새롭나
경쟁하는 신기술 박람회
'엑스포'

올림픽, 엑스포, 월드컵을 세계 3대 축제라고 하는데요. 2012년 5월 12일부터 93일 동안 우리나라에서는 '바다와 연안'을 주제로 여수 엑스포를 개최했습니다. 전 세계 104개국이 참가해서 800만 명이 넘는 관람객과 함께했던 세계인의 경제·문화 올림픽이었지요. 전시를 통해 우리나라의 IT 기술을 세계에 알리고, 환경과 바다의 미래를 보여 주었어요. 그해 11월, 세계의 유명한 테마파크나 박람회에 상을 주는 단체인 테아 어워드에서는 여수박람회의 빅오쇼(Big-O Show)를 올해의 쇼로 발표했답니다.

엑스포를 처음 개최한 나라는 바로 영국입니다. 영국은 산업 혁명을 가장 먼저 시작한 나라이기도 하지요. 이 두 가지 사실은 밀접한 관련이 있답니다.

18세기 무렵 영국은 정치적으로 안정되어 있고, 석탄과 지하자원이 풍부한 나라였어요. 양털을 이용하는 모직물 공업이 발달했던 영국에서는 더 많은 양을 키우기 위해 농토를 풀밭으로 바꾸는 인클로저 운동이 일어났어요. 농토를 빼앗긴 농민들은 도시로 가서 노동자가 되었지요.

도시의 가난한 노동자들에게는 비싼 모직물 대신에 물빨래가 쉽고 가격이 저렴한 면직물이 인기를 끌기 시작했어요. 어떻게 하면 면직물을 빨리 만들어 낼 수 있을까를 고민하다가 옷감을 만드는 방직기와 실을 만드는 방적기를 만들기 시작했답니다. 이제까지 사람이 직접 손으로 물건을 만들었다면, 이제부터는 기계의 힘으로 공장에서 대량 생산이 가능해진 거예요.

그런데 기계를 움직이는 동력으로 물레방아와 같이 수력을 이용했기 때문에 공장을 지을 때는 계곡에 지어야 하는 문제가 있었어요. 이 문제점을 해결하기 위해 제임스 와트는 증기 기관을 개량하여 기계를 움직이도록 했답니다. 증기를 만들기 위한 석탄과 기계를 만들기 위한 철이 중요해졌어요. 그리고 기계에서 생산된 물건들을 운반하기 위해 증기 기관차와 증기선이 만들어졌어요. 교통이 발달하면서 전화와 같은 통신 수단도 함께 발달했습니다. 세계는 가까워졌고, 생활은 편리하게 변했어요. 기계 발명과 기술 개발로 이루어진 이 모든 변화를 산업 혁명이라고 합니다.

1830년 리버풀에서 맨체스터까지 증기 기관차가 다니기 시작했을 때, 사람들은 많은 승객과 화물을 한꺼번에 운반하는 최초의 기관차에 '로켓'이라는 이름을 붙여 주었지요. 시속 46km의 기관차는 당시로서는 어마어마하게 빠른 속도로 움직이는 세계 최고의 교통수단이었어요.

거대한 '수정궁'을 가득 채운 미래의 시간

19세기 중반 영국은 전 세계 석탄의 3분의 2, 면제품의 2분의 1 이상을 생산하면서 '세계의 공장'이라는 별명을 얻었어요. 그리고 전 세계에 식민지를 거느린 해가 지지 않는 나라가 되었습니다. 산업 혁명을 통해 이룬 성과를 자랑하기 위해 빅토리아 여왕의 남편인 앨버트 공은 1851년 런던에서 '만국 박람회'를 열었답니다. 이것이 바로 최초의 엑스포입니다.

30만 장의 유리와 5,000개의 철제 빔으로 꾸며진 최첨단 전시장은 지붕이 둥근 커다란 온실 같았어요. 수정궁이라고 불린 이 놀라운 전시장에서 영국은 그동안 발명했던 6,500여 종의 기계들을 전시했어요. 한 시간에 1만 쪽을 인쇄하는 인쇄기, 1분에 80개비의 담배를 마는 기계, 달걀 껍데기를 까는 증기 해머, 증기 기관차 같은 발명품이 소개되었지요. 프랑스는 향수를, 벨기에는 주름이 가득 잡힌 수제 침대를, 호주는 죄수들이 야자잎으로 만든 모자를 전시했습니다. 도자기를 전시했던 중국관은 관람객이 너무 적어서 휴게실을 겸해서 이용했다고 합니다. 높은 공업 수준을 자랑한 영국의 어깨가

런던 만국 박람회가 열린 '수정궁'의 모습을 표현한 그림.

누가누가 더 새롭나 경쟁하는 신기술 박람회 '엑스포'

으쓱했겠네요.

이 전시회에서 큰 인기를 끌었던 것은 바로 수세식 화장실이었어요. 1페니 동전 하나를 내고 이용하는 이 새로운 화장실은 볼일을 보고 난 후 줄을

잡아당기면 물이 나와 깨끗이 씻어 주는 신기한 발명품이었지요. 1페니는 요즘으로 계산하면 1,000원 정도의 비용인데요, 이 돈을 내면 머리빗을 선물로 주고 구두도 닦아 주었어요. 전람회 전체 기간 동안 벌어들인 수익의 5%가 바로 이곳에서 나왔다고 하니 그 인기를 실감하겠지요?

그 후 산업 혁명을 통해 만든 새로운 기계들을 보여 주기 위한 박람회가 세계 각국에서 이어졌습니다. 1889년 프랑스 혁명 100주년을 기념한 파리 엑스포에서는 유명한 에펠탑이 만들어졌어요. 미국 뉴욕에 있는 자유의 여신상도 원래 엑스포의 전시품이었지요. 아이스크림, 자동차, 컴퓨터, 케첩, 솜사탕, 전화기, 텔레비전, 엘리베이터 등 우리가 생활 속에서 당연하게 사용하는 물건들은 모두 엑스포에서 전시된 것들입니다.

이처럼 앞으로 열릴 엑스포들에서도 새롭게 펼쳐질 우리의 미래를 엿볼 수 있겠지요?

'블록버스터'가 영화 아닌 현실이라면?

뜨거운 여름날 극장가에는 블록버스터 영화들이 흥행 가도를 달리지요. 우리나라 한강 일대에서 촬영하며 큰 관심을 끌었던 할리우드 영화 〈어벤져스 2〉는 순식간에 천만 명의 관객을 동원했어요. 이렇게 큰 자본이 투자되어 빠른 속도로 관객을 끌어모으는 영화를 '블록버스터 영화'라고 불러요.

사람들은 텔레비전이나 스마트폰 화면에서 느끼기 어려운 화려한 액션을 보기 위해 극장으로 발걸음을 재촉하지요. 때때로 이런 블록버스터 영화들은 단기간에 흥행에 성공하기 위해 대부분 상영관을 점령하기도 해요. 〈어벤져스 2〉의 경우 70%의 상영관에서 동시다발적으로 상영됐다고 해요. 이는 관객들이 다른 영화를 선택할 수 없도록 만들었다는 이야기가 되지요. 마치 전쟁터의 융단 폭격을 연상케 하네요.

그런데 블록버스터가 70년 전 독일의 드레스덴을 초토화했던 폭탄 이름이라는 사실을 알고 있나요?

드레스덴을 폐허로 만든
연합국의 폭격

제2차 세계 대전 중 유럽 대륙을 휩쓸고 다니던 독일은 영국을 상대로 대규모 공습을 벌여요. 런던이 불바다가 되자 영국은 독일을 응징하기 위해 초대형 폭탄 만들기에 몰입했어요. 일반적인 폭탄이 1t 내외였다면, 1.8t에서 5.4t에 이르는 거대한 폭탄이 이때 제작됐지요. 폭약의 양과 비율이 높아서 큰 파괴력을 갖기 때문에 일명 블록버스터(blockbuster)라고 불렀어요. 도로로 경계가 나뉘는 도시의 한 구역을 뜻하는 '블록'과 송두리째 날려 버린다는 의미의 '버스터'가 합쳐진 말이에요.

폭격기에 실린 블록버스터는 연합국의 대표 무기로 활약하게 돼요. 뒤늦게 연합군으로 합류한 미국과 함께 영국은 독일의 서쪽에서 압박했어요. 반대편 동쪽에서는 또 다른 연합군인 소련이 독일을 조여 오고 있었지요. 독일의 패배는 사실상 시간문제였어요.

독일의 패배가 점쳐지던 1945년 2월 13일, 영국군 아서 해리스의 지

랭커스터 폭격기 기체 밑에 드럼통 같은 폭탄이 설치되어 있다.

휘 아래 선더크랩 작전이 진행됐어요. 영국에서 출발한 랭커스터 폭격기 떼가 열을 맞춰 향한 곳은 독일 베를린 남쪽에 있는 드레스덴이었어요. 아름답고 유서 깊은 건축물에 둘러싸인 이곳은 2차 대전이 한창이던 때에도 폭격을 받지 않은 평화로운 도시였지요.

　그러나 흐린 밤하늘을 뒤덮은 폭격기에서 누구도 상상할 수 없었던 4.5t
의 거대한 블록버스터 폭탄이 검은 비처럼 쏟아져 내렸어요. 흡사 드럼통처
럼 보이는 고성능 폭탄들이 오래된 시가지 한복판에 떨어졌지요. 거대한 폭
발음이 도시를 집어삼킨 자리에 뒤이어 소이탄의 불꽃이 파고들었어요. 소
이탄은 숲이나 군사 시설을 불태우기 위한 폭탄으로 1000℃에서 3000℃까
지 온도가 올라가며 불 폭풍을 몰고 오는 무서운 무기였어요. 지옥의 불구
덩이 속에서 사람들은 미처 피할 겨를도 없었어요. 불길을 피해 방공호 속
에 숨어 있던 사람들은 질식해서 숨졌지요.

　3시간 뒤에는 또다시 2차 폭격이, 다음 날인 2월 14일에는 미군의 폭탄
세례가 이어졌어요. 기상 악화로 시야가 확보되지 않아 무차별적인 총격도
이뤄졌어요. 바로크 양식의 건물들은 파괴되거나 불에 타 시커멓게 그을렸
어요. 약 3만 5000명 이상의 시신이 수습됐고, 당시 독일 나치당에서는 20
만 명 이상이 사망했다고 밝혔지요.

승전의 탈을 쓴
민간인 대학살일까

블록버스터 폭탄의 융단 폭격으로 드레스덴은 철저하게 파괴됐어요. 블록버스터나 융단 폭격이라는 말은 이런 전쟁 과정에서 유래했지요. 독일의 많은 도시가 같은 방법으로 파괴되었지만, 드레스덴만큼 민간인이 많이 희생된 곳은 없었어요. 작전을 이끌었던 아서 해리스는 드레스덴을 초토화한 이유에 대해서, 군사 시설이 있으며 교통의 요지로서 독일에 군사적으로 매우 중요한 곳이었기 때문이라고 이야기해요.

파괴된 드레스덴의 광경. ©Bundesarchiv, Bild 146-1994-041-07

궁지에 몰린 히틀러는 그해 4월 30일 자살했어요. 그리고 5월 2일 독일의 수도였던 베를린이 함락됐고, 5월 8일에는 결국 독일이 항복했어요.

우리나라에서는 어버이날인 5월 8일이 유럽에서는 제2차 세계 대전 승전일이랍니다. 하지만 한편에서는 드레스덴 폭격에 대해서 민간인 대학살이라는 비판의 목소리도 나왔어요. 실제로 군사 시설은 외곽에만 일부 존재했을 뿐이며, 전쟁을 빨리 끝내기 위한 방편으로 무차별적 희생을 감행한 것이라고요.

1400광년 밖 우주까지 볼 수 있는 망원경

"지구로부터 1400광년 떨어진 백조자리에서 지구와 거의 흡사한 행성 '케플러-452b'를 발견했다."

마치 공상 과학 영화 대사와 같은 이 말은 미국 항공우주국(NASA)에서 2015년 7월 23일(현지 시각) 발표한 내용이에요. 국내에서도 큰 인기를 끌었던 영화 〈인터스텔라〉를 실제로 보는 것 같지요.

1400광년은 자그마치 1경 3254조km나 되는 아득한 거리인데요. 이렇게 먼 거리에 있는 행성을 관측할 수 있는 것은 과학자이자 점성술사였던 케플러의 이름을 딴 케플러 우주망원경 덕분입니다.

망원경으로 우주를 보다니, 상상만 해도 대단한 일이지요? 인류는 대체 언제부터 지구 밖 큰 세상에 관심을 갖게 되었을까요?

신 중심의 중세를 뒤흔든
르네상스의 바람

고대 메소포타미아인은 지금 내가 사는 현실 세계와 밤하늘에 관심이 많았어요. 날마다 모양이 달라지는 달, 계절마다 위치가 바뀌는 별……. 밤이면 하늘을 올려다보며 운명을 점치는 점성술이 발달했지요. 이집트 역시 나일강의 범람 시기를 알아내기 위해 하늘을 바라보며 천문학을 발달시켰어요. 이러한 오리엔트 문명을 이어받은 고대 그리스 과학자들도 자연 현상에 큰 관심을 갖고 있었지요. 우주의 근원을 설명하거나 지구 둘레를 계산하기도 했어요.

천문과학의 발달에 제동이 걸린 것은 기독교 중심의 중세가 시작되면서부터예요. 지구를 중심으로 우주가 돌고 있다는 천동설이 우주관이 되었고, 천문학은 학문으로서의 역할을 잃어버리고 말았어요. 이후로 1,000년 동안 서유럽의 모든 문화는 인간보다는 신, 철학이나 과학보다는 신학이 중심이

메소포타미아 남쪽의 고대 왕국 바빌로니아에서 달의 신에게 예배를 드리던 모습.

되었지요. 신의 아름다움 앞에서 인간에 대한 관심은 점점 작아졌어요.

하지만 그렇기 때문에 중세를 암흑시대로만 보는 것은 타당하지 않아요. 왜냐하면 수도원과 대학을 중심으로 고대의 문화유산이 면면히 이어져 보존되었으니까요. 다시 말해, 새로운 시대를 위한 씨앗을 품고 있었던 거지요.

14세기 무렵 변화의 중심에 선 나라는 바로 이탈리아였어요. 이곳은 고대 로마 제국의 중심지로 그리스와 로마 문화의 유산이 여전히 남아 있었지요. 봉건 제도에 얽매인 농촌의 장원과 달리 상업이 발달하고 도시는 활기찼어요. 고대 문화를 연구하는 학자들도 있었지요.

중세에는 감히 꿈도 꿀 수 없었던 인간과 자연에 대한 관심이 일어났어요. 특히 미켈란젤로, 라파엘로, 레오나르도 다빈치는 미술을 통해 있는 그대로의 인간을 아름답게 표현했지요. 이탈리아 피렌체의 부유한 상인이었던 메디치 가문에서는 자신의 부를 과시하기 위해 예술가에 대한 지원을 아끼지 않았어요. 피렌체는 꽃이라는 도시 이름 그대로 문화의 꽃이 되었고요.

새로운 열풍은 알프스를 넘어 서서히 온 유럽으로 퍼져 나갔어요. 마치 고대 그리스와 로마의 문화가 다시 살아난 듯했어요. 게다가 교회와 교황에 대한 비판도 서슴지 않았어요. 에라스무스는《우신예찬》에서 교황의 사치스러운 생활을 거침없이 비난했어요. 세르반테스는《돈키호테》에서 중세 기사들을 우스꽝스럽게 풍자했지요. 이렇게 14세기부터 16세기에 걸쳐 이탈리아를 시작으로 일어난 인간 중심적인 문화 운동을 르네상스라고 불러요. 프랑스어로 부활이라는 의미를 담고 있지요.

지구를 넘어
우주의 신비에 도전하다

예술과 문학에서만 새바람이 분 것은 아니었어요. 이슬람 상인들을 통해 동양의 새로운 발명품이 전해졌어요. 화약이 전해지면서 봉건 제도를 이끌던 기사 계급은 몰락하게 되었어요. 나침반은 새로운 항로 개척을 통해 사람들을 낯선 세계로 이끌었지요. 구텐베르크가 개발한 금속 활판 인쇄술로 책이 보급되면서 지식의 확대를 가져왔답니다.

중세 사회를 이끌어 오던 질서가 무너지면서 르네상스 사람들은 현재 자신이 사는 세계에 관심을 갖기 시작했어요. 지구를 중심으로 천체가 돌고 있다는 천동설에 가장 먼저 도전장을 내민 사람은 코페르니쿠스였어요. 사실 그는 한 번도 망원경을 통해 우주를 바라본 적이 없어요. 다만 시력은 좋았다고 알려졌지요. 그는 그동안의 연구를 토대로 지구가 태양의 둘레를 공전하고 있다는 지동설을 알아냈어요. 하지만 그 주장을 죽을 때까지 입밖에 내지 않았다고 해요. 중세의 우주관을 뒤엎는다는 것은 당시로서는 목숨을 걸어야 하는 위험한 일이었으니까요. 대신 《천체 회전에 관하여(De revolutionibus orbium coelestium)》라는 그의 책이 출판되던 날, 공교롭게도 사망하면서 세상에 알려지기 시작했어요. 이 책의 내용이 얼마나 충격적이었던지 책 제목의 'revolutionibus'에서 혁명을 뜻하는 단어인 'revolution'이 생겨

과학자이자 점성술사인 요하네스 케플러의 초상화.

났다고 해요.

망원경을 통해 우주를 관측하여 지동설을 증명해 낸 과학자가 갈릴레이예요. 갈릴레이가 접안렌즈에 오목 렌즈를 사용해 망원경을 만들었다면, 케플러는 볼록 렌즈 두 개를 사용해서 더 높은 배율의 망원경을 만들었지요. 더 넓은 시야를 확보하고 더 자세히 볼 수 있게 제작되었어요. 이런 방식의 망원경을 케플러식 망원경이라고 부르는데요. 현재 미국의 나사는 케플러우주망원경으로 우주를 탐사하고 있지요.

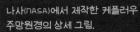
나사(NASA)에서 제작한 케플러우주망원경의 상세 그림.

만유인력의 법칙을 연구한 뉴턴은 이 망원경을 더욱 발전시켜 반사망원경을 만들면서 본격적인 17세기 과학 혁명의 시대를 열었어요. 점성술에서 시작된 천문학은 이제 1400광년 밖 우주에서 또 하나의 지구를 찾을 정도에 이르렀어요. 영화의 한 장면처럼 우주로 삶의 터전을 옮기는 날이 올지도 모를 일입니다.

NEWS

5

종교

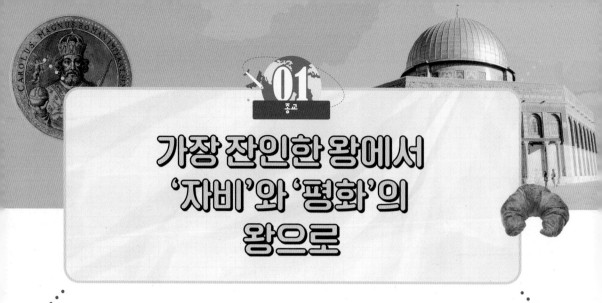

가장 잔인한 왕에서 '자비'와 '평화'의 왕으로

먼 옛날, 오늘날 인도와 네팔 국경 부근 히말라야 산기슭에 작은 나라가 있었어요. 기원전 563년 음력 4월, 이 나라의 왕비였던 마야 부인은 아기를 낳기 위해 친정으로 향했습니다. 그녀는 네팔의 룸비니라는 곳을 지나가다 아름다운 호수를 만났어요. 호수에서 몸을 씻고 잠시 쉬는 사이, 갑자기 진통이 찾아왔습니다. 마야 부인은 나무 아래에서 아들 고타마 싯다르타를 낳았어요. 이 아이는 먼 훗날 '깨달음을 얻은 자'라는 뜻의 '부처'라는 이름을 갖게 되지요. 그리고 자비와 평등의 종교, 불교를 만들었답니다.

우리나라에서는 음력 4월 8일을 '부처님 오신 날'로 지키며, 이날 연등 행렬, 법회, 방생 등 다양한 행사를 열어요. 불교를 믿는 다른 아시아 국가에서도 날짜에 조금씩 차이가 있지만 모두 부처님 오신 날을 크게 기념합니다. 그런데 인도의 작은 나라에서 만들어진 불교가 어떻게 세계적인 종교가 되었을까요?

수많은 이의
피를 묻히고 왕이 되다

불교가 만들어지고 300여 년이 흐른 후, 인도 땅에 큰 변화가 나타났어요. '마우리아'라는 통일 왕국이 처음으로 들어선 거예요. 찬드라굽타가 세운 이 나라는 인도 남동쪽 칼링가와 남부 지역을 제외한 대부분 지역을 모두 통일했어요. 그리고 제3대 왕인 아소카는 마우리아 왕국을 가장 강력한 나라로 만들었지요. 그는 왕이 되기 위해 100명이 넘는 형제와 권력 다툼을 벌였고, 99명의 형제를 살해한 끝에 왕위에 올랐다고 해요. 이에 반대하는 신하들도 모두 죽임을 당했습니다.

아소카는 왕이 된 후 영토를 넓히고자 칼링가를 침략했어요. 보병 60만 명, 기병 10만 명, 코끼리 9,000마리로 구성된 대군을 이끌고 치열한 전투를 벌였지요. 이 전투로 10만 명이 죽고, 15만 명이 포로가 되었습니다. 바람대로 왕국의 영토는 넓어졌지만, 아소카의 마음은 편하지 않았어요. '무엇을 위해 사람을 죽였을까.', '왜 여자와 어린아이처럼 죄 없는 사람이 희생되어야 했을까.' 하고 많은 후회가 밀려왔지요. 승리의 기쁨은 잠시였고, 죄책감에 잠 못 드는 밤이 늘어났어요. 잔인한 왕이었던 아소카는 칼링가 전투를 계기로 자신의 욕심이 얼마나 많은 사람에게 상처를 주었는지 반성하게 되었습니다. 그리고 '자비'와 '평화'라는 부처의 가르침에 따라 왕국을 통치하기로 마음먹지요.

마우리아 제국을 세운 찬드라굽타의 불상.

가장 잔인한 왕에서 '자비'와 '평화'의 왕으로

아소카와 왕국을 변화시킨 불교의 놀라운 힘

아소카가 불교를 믿기 시작하면서 인도에 많은 변화가 생겼어요. 생명을 살리고자 사람과 동물을 위한 병원이 만들어지고, 육식이 금지되었습니다. 각 지역에 도로가 건설되고 여행자를 위한 숙소도 생겼지요. 가난한 사람을 위한 구호 시설을 세우고, 길에는 과일나무를 심어 언제든지 나그네가 열매를 따 먹을 수 있도록 했어요. 곳곳의 우물과 저수지는 누구나 이용할 수 있었지요.

아소카 왕은 부모와 어른을 공경하고, 무거운 짐을 들고 가는 사람이 있으면 도와주라고 백성에게 강조했어요. 아소카 왕은 이러한 내용을 절벽의 바위나 돌기둥에 새겨 널리 알리도록 했습니다. 불교의 가르침을 담은 수십 개의 돌기둥이 세워지고, 사람들은 자비와 평등을 실천하기 시작했어요. 특히 사르나트에 세운 사자 장식 돌기둥은 오늘날 인도의 상징이 될 만큼 아름답게 만들어졌지요.

인도 비하르 바이샬리에 있는 아소카 기둥. ©Bpilgrim

아소카는 부처와 관련된 유적지를 순례하고 돌기둥을 세웠어요. 오랜 세월 방치된 룸비니가 부처의 탄생지라는 사실이 알려진 것도 아소카가 세운 돌기둥 덕분이었답니다.

그는 부처의 몸에서 나온 사리를 찾아내 8만 4000개로 나누어 각 지역에 전하고, 사리를 보관하는 스투파(탑)를 곳곳에 세웠다고 해요. 그리

고 불교를 전파하는 사람들을 지중해 주변의 그리스, 마케도니아, 이집트, 시리아 등으로 파견했습니다. 아소카의 아들과 딸이 동남아시아의 실론(오늘날 스리랑카)에 불교를 전하면서 미얀마와 태국까지 불교가 퍼져 나갔어요. 욕심을 버리고 자비와 평등을 강조하는 불교 교리에 아소카의 노력이 더해져 세계적인 종교로 성장하기 시작한 거예요.

한때 잔인한 왕의 상징이던 아소카는 이제 '평화'를 상징하는 왕이 되었어요. 지금도 많은 인도인이 아소카를 인도를 대표하는 왕으로 기억한답니다. 불교에서는 위대한 왕을 '전륜성왕(轉輪聖王)'*이라고 부르는데, 아소카는 속세를 다스리는 전륜성왕이라는 칭송을 받아요.

아소카가 죽고 얼마 지나지 않아 마우리아 왕국은 멸망하지만, 불교는 계속해서 퍼져 나갔지요. 이후에 들어선 쿠샨 왕국의 카니슈카 왕은 비단길을 따라 중국, 우리나라, 일본 등 동북아시아 지역에 불교를 전파했답니다.

> **전륜성왕** ○○●
>
> 고대 인도에서 말하던 이상적인 군주상으로, 무력이 아니라 정법(正法)으로 세계를 다스린다. 산스크리트어로는 차크라바티라쟈(cakravartiraajan) 또는 차크라바르틴(cakravartin)이라고 하는데, 여기서 '차크라'는 '바퀴(輪)', '바르틴'은 '움직인다'는 뜻이다.

가장 잔인한 왕에서 '자비'와 '평화'의 왕으로

전염병도 화재도
다 종교 때문이라고?

크리스트교는 세계 3대 종교라고 할 만큼 신도가 많아요. 크리스트교에서 분리된 가톨릭, 개신교, 그리스 정교 등의 신도를 모두 포함하면 대략 20억 명 이상이 되지요.

4월 5일은 크리스트교의 큰 축제 중 하나인 부활절이에요. 부활절은 예수가 십자가에서 죽었다가 3일 만에 다시 살아난 것을 기념하는 날이지요. 로마 교황청을 비롯해 세계 곳곳에서 부활의 의미를 되새기는 행사를 갖습니다.

그런데 예수는 왜 십자가에서 죽임을 당해야만 했을까요? 왜 예수와 같은 민족인 유대인은 역사적으로 차별을 받아야만 했을까요? 지금과는 달리 크리스트교가 박해받았던 시절의 이야기를 해 볼게요.

죄 없는 예수를
사형에 처한 까닭

　　　　고대 로마 제국에는 다양한 신이 존재했어요. 신들의 왕 유피테르, 지혜의 신 미네르바, 전쟁의 신 마르스, 사랑의 여신 비너스 외에 죽은 황제까지도 신으로 받아들여졌지요. 넓은 영토만큼이나 많은 신이 존재한 셈이에요. 신에게 제사 지내는 날을 정확히 표시하기 위해 만든 것이 바로 달력입니다.

　예를 들어 1월(January)은 야누스 신에게 바친 달이었고, 3월(March)은 전쟁의 신 마르스를 위한 달이었지요. 국가에서 공식적으로 제사를 지내는 신 이외에도 각 가정에는 수호신이 있었어요. 제사를 소홀히 지내면 안 좋은 일이 생긴다고 생각해서 온갖 정성을 다했답니다. 그러니 오랜 옛날, 유대인이 섬기는 신 하나쯤 더 받아들이기는 대수롭지 않았을 거예요.

빌라도(폰티우스 필라투스) 총독 앞에 선 그리스도의 모습을 표현한 그림.

아우구스투스 황제가 통치하던 시절, 오늘날 팔레스타인 지역은 로마의 식민지였어요. 로마에서 파견된 총독은 이 지역 유대인 종교 지도자들을 인정하고 자치를 허용했지요. 유대교는 유일신인 여호와에게 유대 민족만이 선택받았다고 생각하는 종교예요. 그들은 언젠가 구세주 메시아가 나타나리라 믿고 있었지요. 그때 예수가 믿음과 사랑, 소망을 강조하며 기적을 통해 사람들을 감동시켰어요. 차별 없는 사랑, 원수까지도 사랑하라고 가르치며 세례를 줬지요. 예수 곁에는 가난한 사람과 병든 사람, 힘없고 약한 사람이 넘쳐났어요.

유대교 지도자들은 기존 형식을 벗어난 행보를 보이는 예수 때문에 자신들이 누리고 있던 정치적인 권력을 빼앗길까 두려웠어요. 그들은 예수를 메시아로 여기지 않았고, 재판을 통해 예수를 사형에 처하기로 했답니다. 그러고는 총독이었던 본디오 빌라도에게 사형 집행을 요구했지요. 예수가 자신을 유대인의 왕이라고 말하며 사람들을 선동하는 정치범이라는 이유에서였어요. 예수의 죄를 찾지 못한 빌라도는 난처했지만, 결국 예수에게 나무 십자가에 못 박혀 고통 속에 서서히 죽어가는 형벌을 내렸어요. 고난의 상징인 십자가는 오늘날 적십자의 붉은 십자가로 사랑과 희생의 상징이 됐지요.

예수가 죽은 후 3일 만에 부활했음을 믿는 제자들이 크리스트교를 놀라운 속도로 퍼뜨리기 시작했어요. 유대인만을 구원의 대상으로 여겼던 유대교에 비해 크리스트교는 모든 민족에게 평등하게 퍼져 나갔지요. 베드로를 비롯한 열두 제자와 바울의 전도 여행은 교회의 씨앗이 됐어요.

예수를 죽음으로 이끈 유대인들은 어떻게 됐을까요? 오랫동안 크리스트교 중심의 유럽 세계에서 예수를 죽인 장본인으로서 고난의 역사를 겪어 왔어요.

종교를 이유로
누구도 핍박받지 않도록

64년 여름, 폭염을 피해 휴가를 떠났던 네로 황제에게 기분 나쁜 소식이 들려왔지요. "원인을 알 수 없는 불이 나서 로마가 불타고 있습니다." 이때의 화재로 로마시 대부분은 잿더미가 됐어요. 네로 황제는 이재민에게 자기 정원을 내주고 음식을 주며 상황을 수습했지만 허사였지요. 결국 네로 황제는 크리스트교도를 방화범으로 지목해서 책임을 덮어씌웠어요. 그들이 유일신을 섬긴다며 로마의 신에게 제사를 지내지 않았기 때문에 노여움을 탔다고 하면서요.

네로 황제는 교도들을 잡아다가 기름을 바른 나무 기둥에 묶어 놓고 불태워 죽이거나, 짐승 가죽을 뒤집어씌우고 굶주린 개의 먹이가 되도록 하는 등 온갖 잔인한 방법으로 학살하기 시작했어요. 베드로와 바울도 그때 순교

기독교인들이 로마 제국의 박해를 피해 숨어서 예배하던 카타콤의 모습. ©Dnalor 01

전염병도 화재도 다 종교 때문이라고?

했지요.

전염병이 돌거나 불이 날 때마다 크리스트교도들의 수난은 계속됐어요. 디오클레티아누스 황제 때에 와서는 그에 맞서 우상 숭배를 거부한 크리스트교도들이 몰살당했어요. 황제를 신으로 섬기는 로마 군대 입대를 거부해서 큰 분노를 샀기 때문이지요. 지금은 관광지가 된 이탈리아의 지하 공동 묘지 카타콤, 터키의 데린쿠유 유적은 땅속에 숨어 지내야만 했던 초기 크리스트교 신앙을 보여 주고 있어요.

이후 순교자의 피는 더 큰 열매를 맺어 313년 콘스탄티누스 황제 때에는 공식적인 종교로 인정을 받고, 392년 테오도시우스 황제 때는 로마의 국교가 됐답니다. 크리스트교를 믿는다는 이유로 더는 불이익을 당하지 않는 세상이 온 것이지요.

이후 크리스트교는 유럽 전체 지역으로 퍼졌어요. 서아시아와 북부 아프리카를 중심으로 세력을 키운 이슬람교와 대립하며 유럽 세계를 지켜 왔지요. 그리고 신항로 개척 이후에는 아시아와 신대륙으로 퍼져 오늘날 세계적 종교가 됐답니다.

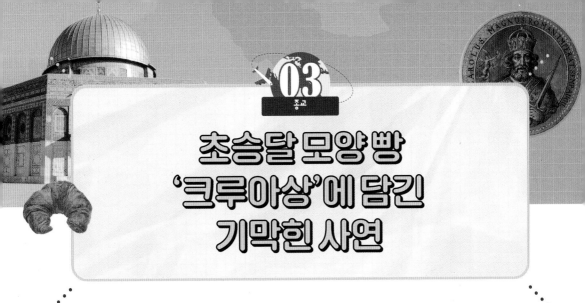

초승달 모양 빵
'크루아상'에 담긴
기막힌 사연

자, 다음에 나오는 국기들을 살펴보세요. 모두 초승달과 별이 등장하지요?
이 나라들은 어떤 공통점을 가지고 있을까요?

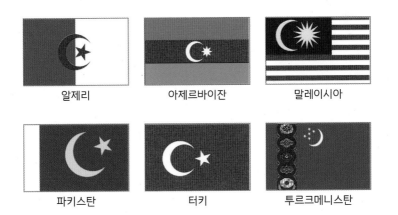

| 알제리 | 아제르바이잔 | 말레이시아 |

| 파키스탄 | 터키 | 투르크메니스탄 |

이 나라의 국민들은 대체로 이슬람교를 믿고 있어요. 이슬람교는 유일신
알라를 섬기는 종교로 무함마드가 창시했습니다.

알라신의 계시를 받던
거룩한 밤

상업이 발달했던 아라비아 반도의 메카에서 태어난 무함마드는 어려서 부모를 여의었지만, 큰 상인으로 성장하여 많은 부와 지식을 쌓았습니다. 40살에는 헤라의 동굴에서 천사 지브릴을 통해 알라신의 계시를 받게 되지요. 신의 계시를 받은 이 거룩한 밤에 초승달과 별이 나란히 떠 있었대요. 622년 메카의 귀족들에게 박해를 받은 무함마드는 야스리브(메디나)로 떠나게 됩니다. '헤지라'라고 부르는 이 사건은 이슬람력의 기원이 되었어요. 헤지라의 밤에도 초승달과 별이 나란히 떠 있었다고 합니다.

계절에 따라 이동하면서 유목 생활을 주로 하는 아랍인들은 밤하늘의 달과 별을 보면서 날짜를 계산했는데요. 초승달은 어두운 그믐을 지나 밝음으로 인도하는 진리의 시작을 의미하지요. 하지만 절대로 숭배의 대상은 아니랍니다. 이슬람교에서는 오직 알라신만을 섬기기 때문에 신의 사도인 무함마드의 그림을 그릴 때에도 얼굴을 베일로 가리거나 하얗게 칠을 해서 표현하고 있어요. 이슬람교의 예배 장소인 모스크를 꾸밀 때에도 형태를 알 수 없는 아라베스크 무늬나 글자로 장식을 한답니다.

이슬람교를 믿는 신도들이 반드시 지켜야 하는 계율을 다섯 기둥으로 표현하는데요. 첫 번째는 신앙 고백(샤하다, shahada)입니다. '알라 외에 신은 없으며 무함마드는 알라의 예언자이다.'라는 고백입니다. 두 번째는 예배(살라트, salat)로 이슬람교도의 가장 중요한 의무입니다. 새벽, 정오, 오후, 일몰, 저녁에 하루 다섯 번 메카를 향해 엎드려 예배하는 거지요. 세 번째 희사(자카트, zakat)는 자신의 수입 중 40분의 1을 가난한 사람들을 위해 헌금으로 내는 겁니다. 네 번째 기둥은 이슬람력으로 9월 라마단 기간에 금식(사움, sawm)하는 것이고요. 낮 동안에는 물조차 마시지 않지만 해가 지고 난 후에는 정상적인 생활이 가능합니다. 마지막 기둥은 성지 순례(하즈, hajj)로 이슬람교가 시작된 사우디아라비아의 메카를 순례하는 것입니다. 이슬람력 12월에 이루어지는 이 행사에는 전 세계 이슬람 신도들이 모여들어 대성황을 이룹니다.

기술 문명이 발달하면서 최근에는 이슬람 스마트폰이 개발되어 인기를 얻고 있어요. 위성위치확인시스템(GPS)을 사용해 어디서나 메카의 위치를 나침반으로 보여 주는 어플, 이슬람교의 경전인 쿠란을 볼 수 있는 어플, 헌금을 자동 계산해 주는 어플, 성지 순례 과정의 수행과 지도 어플 등……. 정말 필요는 발명의 어머니 같지요?

빵 장수 덕에 승리한 오스트리아

국기에 초승달과 별을 처음 사용한 나라는 오스만 제국입니다. 이슬람 국가였던 오스만 제국은 비잔틴 제국을 무너뜨리고 아시아, 아프리카, 유럽을 연결하는 대제국을 건설했는데요. 한때 유럽인들에게 초승달 모양은 두려움의 대상이었지요.

1683년 오스만 제국은 오스트리아의 빈을 완전히 포위하고 성벽 아래 터널을 뚫어 폭파하려 했어요. 어느 날 밤, 빵을 만들고 있던 빵 장수가 땅속에서 들리는 이상한 소리에 적군이 쳐들어온다는 것을 알렸고, 빈은 전투에서 승리했지요. 이때부터 빈 시민들이 초

국내 빵집에서도 흔히 볼 수 있는 '크루아상'. 모양도 이름도 '초승달'에서 왔다.

승달 모양의 빵을 먹기 시작했다고 합니다. 오스트리아에서 프랑스로 시집 온 마리 앙투아네트가 이 빵을 프랑스로 전파했다는데, 프랑스어로 초승달이 바로 '크루아상'이에요.

오스만 제국이 1차 대전에서 패배한 후 수립된 터키는 초승달과 별 모양의 국기를 이어받았어요. 그리고 북아프리카와 서남아시아, 중앙아시아의 이슬람 국가 역시 독립하면서 달과 별이 그려진 국기를 사용했지요.

유럽 국기에는 프랑스 혁명의 영향을 받아서 유난히 삼색기가 많으며, 아메리카 국기에는 자연이나 불멸의 태양을 상징하는 국기가 많습니다. 아프리카에는 풍요로움을 상징하는 초록색 국기가 많이 나타납니다. 이렇게 각 나라의 국기를 보면 그 나라 역사와 문화를 볼 수 있는데요. 임오군란 이후 처음 사용된 우리나라 태극기 역시 우리 민족 정체성을 상징적으로 보여 주고 있습니다.

오늘은 커다란 세계 지도에 각 나라의 국기를 그려서 붙이는 놀이를 하며 그 의미를 찾아보는 것은 어떨까요?

유럽은 언제부터 '같은 편'이었을까?

지중해의 숨겨진 보석, 바로 크로아티아의 별명입니다. 발칸 반도에 위치한 이 나라는 제2차 세계 대전 후에 사회주의 국가였던 유고슬라비아 연방의 일원으로 있다가 1991년에 독립했어요. 민족 간 갈등으로 내전을 겪었지만, 지금은 아드리아해안을 끼고 붉은 지붕이 연이어 넘실대는 아름다운 휴양 지로 발전하고 있지요.

크로아티아는 2013년 7월 1일부터는 유럽 연합(EU)의 28번째 정식 회원 국이 되었어요. 유럽 연합의 회원국이 증가하면서 유럽은 거대한 정치·경 제 공동체로 발돋움하고 있는데요. 유럽이 하나라는 생각을 갖게 된 데는 카롤루스 대제의 영향이 크다고 합니다. '유럽의 아버지'라고 불리는 카롤 루스 대제의 시대로 떠나 볼까요?

롤랑, 도움이 필요할 때
피리를 불거라

카롤루스 대제는 768년부터 814년까지 46년간 프랑크 왕국을 통치했어요. 프랑크 왕국은 서로마 제국이 멸망한 후 게르만족이 이동하여 현재 프랑스와 독일 지역에 세운 나라입니다. 할아버지 카를 마르텔은 궁재(나라의 재정을 맡아보는 신하) 출신으로 프랑크 왕국의 최고 권력자가 되었고, 아버지 피핀은 강한 리더십을 바탕으로 왕위를 차지했어요. 자신의 아버지가 형제를 죽이고 왕이 되는 과정을 보면서 자라난 카롤루스 대제는 권력과 영토에 대한 욕심이 남달랐어요. 평생을 전쟁터에서 지내며 서유럽 전역을 재패했지요. 한편으로는 종교와 학문에 대한 관심도 깊어 다방면에서 큰 활약을 했어요.

카롤루스 대제의 초상화.

778년 여름, 카롤루스 대제가 에스파냐 원정에서 돌아오던 길의 일화예요. 이슬람교도인 사라고사˚의 왕에게 항복을 받아낸 후 조카인 롤랑을 후위대로 남긴 채 피레네 산맥을 넘고 있었지요. 카롤루스 대제는 롤랑에게 뿔피리를 주며 말했어요. "도움이 필요할 때는 언제든지 이 피리를 불거라."

얼마 후, 사라고사의 왕과 내통한 가늘롱의 배신으로 롤랑은 공격을 받게 되지요. 죽음을 눈앞에 둔 마지막 순간에 이르러

> **사라고사 ○●●**
> 스페인 북동부 아라곤 지방의 도시로, 사라고사주의 주도. 중세에 카스티야 왕국과 함께 오늘날 스페인 왕국의 터를 닦은 아라곤 왕국의 수도였다.

서야 피리를 불어 도움을 요청합니다. 저 멀리서 들려오는 피리 소리에 군사를 돌려 찾아온 카롤루스 대제는 싸늘하게 식은 롤랑과 기사들의 죽음을 보고 분노해요. 배신자 가늘롱은 사지가 찢겨서 죽는 형벌을 받게 되었어요.

이 이야기는 〈롤랑의 노래(Song of Roland)〉라는 시로 남겨져 중세 최고의 기사도 문학이 되었답니다. 중세 건축을 대표하는 프랑스의 샤르트르 대성당에는 롤랑의 노래를 바탕으로 색유리 장식이 만들어졌어요.

아무리 싸워도 우리는 한뿌리

카롤루스 대제 시기에 프랑크 왕국은 영토가 두 배나 넓어졌어요. 오늘날 프랑스, 독일, 이탈리아 북부, 벨기에, 네덜란드, 룩셈부르크에 해당하는 지역이 모두 그의 영토였으니 정말 대단하지요.

정복한 땅에는 크리스트교를 전파했어요. 그리고 이민족의 침입으로 시달리는 교황을 도와주기 위해 이탈리아 원정도 단행했어요. 이 일로 800년 12월 25일, 크리스마스 미사에서 교황 레오 3세는 카롤루스 대제에게 서로마 제국 황제 왕관을 수여했어요. 게르만족이 세운 프랑크 왕국이 크리스트교 세계를 보호하는 로마 제국의 계승자로 인정받은 거지요. 이제 서유럽의 문화는 이전과는 달라지기 시작했어요.

카롤루스 대제는 아헨에 있는 궁정에 학교를 만들고 알퀴누스와 같은 유명한 학자를 모셔다 학생들을 가르쳤어요. 하지만 유럽의 언어와 문자가 서로 달라 어려운 수준의 공부를 하기는 힘들었어요. 게다가 당시에는 대부분

〈롤랑의 노래〉 여덟 장면을 묘사한 그림.

사람들이 글자를 몰랐거든요.

설상가상으로 이슬람교도들이 지중해를 장악하면서 이집트산 파피루스 수입이 어려워졌어요. 값비싼 양피지를 아껴 쓰기 위해서는 큰 로마 문자가 아니라 작은 글자를 사용해야만 했어요. 이렇게 알퀴누스와 수도사들이 만든 카롤링거 소문자는 알파벳 소문자의 기원이 되었지요. 새로 만든 글자로 고대 그리스와 로마의 책들을 베껴 쓰는 작업이 이루어졌어요. 이 시기에 이루어진 문화의 부흥을 그의 이름을 따서 '카롤링거 르네상스'라고 부른답니다.

로마 제국 이래로 가장 넓은 영토를 차지한 카롤루스 대제의 시대에 크리스트교가 퍼져 나갔고, 로마 문화에 게르만족의 문화가 더해진 새로운 서유럽 문화가 만들어졌어요. 카롤루스 대제가 통치하던 시기에 '유럽'이라는 단어는 공동체라는 뜻으로 사용되기도 했어요.

그가 죽은 후 프랑크 왕국은 오늘날 프랑스, 이탈리아, 독일로 나뉘었어요. 유럽 여러 나라들은 흩어지고 통합되고 전쟁하기를 수차례 반복했지요. 하지만 유럽 문화라는 하나의 뿌리를 갖고 있다는 생각이 자리 잡게 되었답니다.

유럽의 평화와 통합에 기여한 사람에게 수여하는 카롤루스 대제상의 수상자였던 교황 요한 바오로 2세는 카롤루스 대제를 '유럽의 아버지'라고 칭송했습니다.

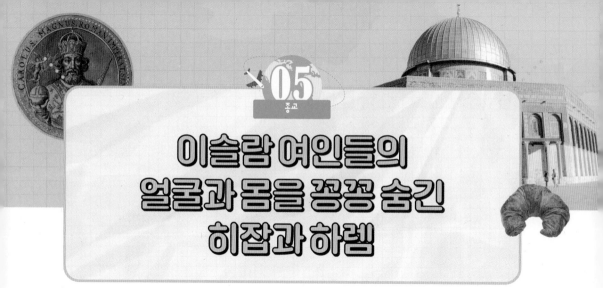

이슬람 여인들의 얼굴과 몸을 꽁꽁 숨긴 히잡과 하렘

2015년 1월 23일, 우리나라 돈으로 재산이 18조 원이 넘는 사람이 세상을 떠났어요. 그는 얇은 수의만 간단히 걸친 채 관도 없이 공동묘지에 묻혔지요. 게다가 묘비에는 이름도 새겨 넣지 않았다고 해요. 참 의아한 일이지요? 사우디아라비아 압둘라 국왕 이야기입니다.

압둘라 국왕은 사우디를 건국한 압둘아지즈의 아들 중 한 명으로, 사실상 20년 동안 사우디를 통치했어요. '신중한 개혁가'라는 평가를 들어 왔지요.

그의 장례식에 전 세계인의 조문이 이어졌는데요. 미국 오바마 대통령 부부도 예외는 아니었지요. 이 과정에서 뜻하지 않게 오바마 대통령의 부인 미셸 오바마가 구설에 올랐어요. 이슬람교를 믿는 여성들이 외출할 때 머리를 가리는 히잡을 쓰지 않았기 때문이지요.

사우디아라비아는 1932년 이븐사우드가 아라비아반도를 통일하고 세운 나라예요. 나라 이름이 왜 사우디아라비아인지 짐작이 가지요? 통일할 당시 1차 대전으로 세계가 어지러웠어요. 그때 이슬람교의 율법을 잘 지키는 나라를 만들어야겠다고 생각했대요. 무함마드의 계시를 기록한 코란의 법에 순종하는 것이지요. 코란은 우상 숭배를 금지하고 있어요. 그래서 행여나 화려한 무덤을 만들면 사람들이 국왕을 신처럼 숭배하지나 않을까 걱정해서 이름 없는 무덤을 만든 거예요.

코란에는 여자들이 머리와 가슴을 가리는 머릿수건을 쓰도록 나와 있어요. 그래서 사우디아라비아 여자들은 외출할 때 히잡을 쓰도록 법으로 정해졌지요. 그런데 사실 어디서부터 어디까지를 가리는지에 대한 기준은 없어요. 머리와 목을 가리는 히잡부터, 온몸을 가리는 부르카, 눈만 내놓고 얼굴을 가리는 니캅까지. 이슬람 국가 간에도 형태는 달라요. 아마도 코란을 해석하는 문화 차이 때문이겠지요.

히잡이 처음 생긴 건 이슬람교가 등장하기 훨씬 전, 고대의 일이랍니다. 사막으로 이뤄진 이 지역에서는 주로 유목 생활을 했대요. 필요한 물건을 약탈하는 경우도 많았지요. 물론 전쟁도 잦아서 남자들이 많이 죽었대요. 상대적으로 수가 많은 여자를 먹여 살리기 위해서 일부다처제가 만들어졌지요. 그리고 전쟁이 날 경우 이방인에게 여자들을 빼앗기는 경우도 많아 노출되지 않도록 얼굴을 가리는 전통이 생겨났다고 해요. 히잡이 여성의 인권을 침해한다고 생각할 수도 있지만, 문화에 따라서는 여성을 존중하는 종교적 표현일 수도 있어요.

후궁들의 평생 감옥, 하렘

얼굴을 가리는 걸로도 부족해 여자들을 꼭꼭 숨겨 놓았던 사례도 있어요. 바로 오스만 제국의 하렘입니다. 오스만 제국은 이란에서 헝가리에 이르는 넓은 지역을 다스렸어요. 전쟁이 빈번하게 이뤄지면서 황제는 황후를 혹시나 빼앗길까 걱정이 됐지요. 황후가 다른 나라에 끌려가는 것은 불명예스러운 일이었기 때문이에요. 그래서 황제는 정식으로 결혼하지 않고, 미로처럼 생긴 공간에 후궁 수백 명을 둬 생활했어요. 금지된 곳이라는 뜻으로 '하렘(harem)'이라고 불렀지요. 각 나라에서 온 후궁들과 그 자녀가 생활하는 공간이었어요.

한번 하렘에 들어가면 이곳에 갇혀 평생을 살아야만 했대요. 서열이 가장 높은 사람은 황제의 어머니였어요. 당시에는 황제가 되지 못한 아들은 모두 죽여 버리기도 했는데, 반란이 일어날 가능성을 막아 권력을 강화하는 방법이지요. 아마도 자기 아들을 황제로 만들기 위한 후궁들 사이에 암투가 살벌했을 거예요.

구스타브 블랑제가 '하렘'을 묘사한 그림으로, 황제와 후궁들 그리고 흑인 노예의 모습이 보인다.

흑인 노예의 감시를 받으며 생활하다가 오로지 '하맘'이라는 목욕탕 외출만 허락됐지요. 지금도 이슬람 문화를 간직한 지역에는 하맘이 남아 있어서 목욕 문화를 체험해 볼 수가 있어요.

오스만 제국의 영토가 가장 넓었던 전성기는 16세기 술레이만 1세 때였어요. 이때 하렘에서 가장 유명한 여자는 록셀란이었지요. 록셀란이라는 이름은 러시아 여자라는 뜻인데요. 노예로 팔려 이곳까지 끌려왔어요. 온갖 노력으로 황제 눈에 들어 아들을 넷이나 낳았답니다.

그녀는 자기 아들을 황제로 만들어야겠다는 욕심에 가득 차 있었어요. 록셀란은 술레이만 1세를 설득해서 첫 번째 후궁이 낳은 장남을 죽였지요. 그러고는 황제에게 집요하게 결혼을 요구해서 결국 오스만 제국 최초로 황후 자리에 올랐답니다. 록셀란이 정치에 등장한 이후 오스만 제국의 명성은 조금씩 금이 가기 시작했지요. 세월이 흘러 제1차 세계 대전에서 패망하면서 오스만 제국은 역사 속에서 사라졌답니다.

오스만 제국의 술레이만 1세와 결혼한 록셀란 황후의 초상화.

사탄의 음료 커피를 금지하라!

관세청에서 발표한 통계에 따르면, 우리나라 성인 1인당 커피 소비량이 1년 기준 338잔이나 된다고 해요. 어른들은 하루에 한 잔꼴로 커피를 마신다는 거지요. 커피는 피곤함을 덜어 주는 효과가 있는 데다 향이 좋아 인기가 매우 많은 음료예요.

우리나라는 커피를 재배하기 어려운 자연환경을 갖고 있기 때문에 커피콩을 다양한 나라에서 수입해요. 커피콩은 주로 적도 지방에 해당하는 남아메리카, 동남아시아, 아프리카 지방에서 잘 자라지요. 그렇다면 커피를 가장 먼저 마시기 시작한 나라는 어디일까요? 6세기 아프리카 에티오피아에서 목동들이 커피를 맨 처음 발견해 마시기 시작했대요. 그 후 9세기쯤 중동 아라비아 반도로 전래된 커피는 이슬람교도들에게 술 대신 마시는 음료로 사랑받았어요.

'이슬람교의 와인'에서
'기독교의 음료'로

커피는 12세기 십자군 전쟁을 계기로 유럽에 알려졌어요. 십자군 전쟁은 가톨릭을 믿었던 유럽 국가들과 이슬람교를 믿었던 중동 국가들이 맞붙었던 전쟁이에요. 이 전쟁을 통해 동서양 문물이 섞이게 되었답니다.

이슬람 문화였던 커피를 '이슬람교도의 와인'이라고 부르며 반대했던 유럽인들도 있었어요. 16세기 말 로마의 몇몇 사제는 교황 클레멘스 8세에게 커피 금지령을 내려 달라고 요청했어요. "이슬람교도들이 마시는 커피가 퍼지고 있습니다. 사람들이 커피를 마시고 사탄에게 영혼을 잃기 전에 커피 금지령을 내려 주십시오."

하지만 뛰어난 미식가였던 교황 클레멘스 8세는 커피를 매우 좋아했기 때문에 사제들의 부탁을 들어주지 않았어요. "이렇게 매혹적인 음료가 사탄의 음료일 리가 없소!" 클레멘스 8세는 커피를 '기독교의 음료'라고 공인

아메데오 프레지오시의 그림으로, 19세기 터키 이스탄불에 있던 커피하우스의 모습을 묘사했다.

사탄의 음료 커피를 금지하라!

했어요. 교황의 공인을 받은 커피
는 유럽 전역으로 널리 퍼질 수 있
었지요.

커피는 18세기 프로이센에서도
큰 인기를 누렸어요. 프로이센은 나
중에 여러 나라와 합쳐져 독일이 된
나라랍니다. 프로이센의 프리드리히
대왕은 커피 취향이 상당히 엉뚱했어요. 그
는 커피에 샴페인을 넣고 끓인 다음 후춧가루를 뿌
려서 마셨대요.

프리드리히 대왕은 백성들의 커피 소비량이 늘어나는 것은 좋아하지 않
았어요. 프로이센은 네덜란드로부터 커피를 수입했는데, 프리드리히 대왕
은 수출을 장려하고 수입을 억압하는 정책을 추진했거든요. 프리드리히 대
왕은 커피 소비를 막기 위해 의사들을 시켜 커피에 독이 들어 있다는 소문
을 내기도 했어요. 물론 좋은 방법은 아니었지요.

커피를 마시기 어려워지자 프로이센 사람들은 씁쓸한 치커리로 치커
리 커피를 만들어 마시기도 했어요. 치커리 커피는 특허까지 받았어요. 보
리, 무화과, 사탕수수, 호밀, 땅콩, 도토리, 심지어 해초까지도 끓여서 갈색
을 내는 것이면 뭐든지 대용 커피 재료로 이용되었어요. 그래도 진짜 커피
가 먹고 싶은 사람들은 몰래 구해 묽게 타서 먹었대요. 대용 커피가 어찌나
유명해졌던지 한동안 '독일 커피' 하면 '대용 커피'라는 인식이 생겨날 정도
였지요. 이렇듯 프리드리히 대왕의 커피 억압 정책도 백성들의 커피 사랑
을 막을 수는 없었답니다.

하나의 나라를 셋으로 나눈 종교의 위력

인구 밀도는 1km²의 면적 안에 살고 있는 사람 수를 나타냅니다. 인구 밀도가 높을수록 좁은 지역에 사람이 많이 살고 있다는 의미이지요. 우리나라의 인구 밀도는 515로, 세계에서 23위 정도로 높다고 해요.

세계에서 인구 밀도가 매우 낮은 나라 중 하나인 몽골에는 1km²에 1.5명도 안 되는 사람이 살고 있어요. 반면 가장 인구 밀도가 높다는 방글라데시에는 1,000명이 넘는 사람이 살고 있지요. 이 나라는 인도를 사이에 두고 파키스탄과 마주 보고 있는데요. 원래 파키스탄, 인도, 방글라데시는 하나의 인도였어요.

그런데 왜 인도에서 나누어져 다른 나라가 되었을까요? 이 모든 사태의 배경에는 바로 '종교 분쟁'이 있답니다.

이슬람교와 힌두교 간 갈등으로 분리된 인도

인도는 종교의 나라로 알려져 있어요. 고타마 싯다르타가 자비와 평등을 강조한 불교가 생긴 곳이 인도입니다. 또 인도에서는 4세기부터 민간 신앙과 불교 등이 섞인 힌두교가 발전했어요. 11세기 무렵부터 약 800년 동안은 이슬람교의 지배를 받기도 했습니다.

인도는 시대별로 왕조의 변천을 겪으면서 그만큼 많은 종교의 변화를 겪은 나라예요. 그래서인지 종교가 다른 사람들 사이에서 다툼이 자주 일어났어요. 알라신만을 유일한 신으로 인정하는 이슬람교와 세상 만물을 신으로 섬기는 힌두교 사이에는 충돌이 잦을 수밖에 없었지요.

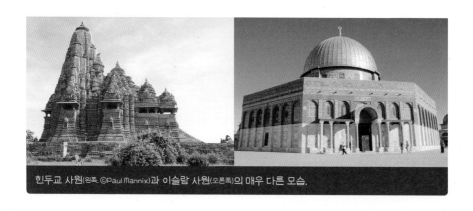

힌두교 사원(왼쪽. ⓒPaul Mannix)과 이슬람 사원(오른쪽)의 매우 다른 모습.

영국은 힌두교와 이슬람교 신자들의 다툼을 교묘하게 이용해서 인도인들을 분열시키는 식민지 정책을 썼지요. 인도가 영국의 식민지였던 1905년, 영국은 벵골 분할령을 발표해요. 인도 북동쪽에 있는 벵골은 영국의 통치에 가장 거세게 저항한 곳이에요. 이 법은 이슬람 신자가 많이 살던 곳을 동벵골, 힌두교 신자들의 지역을 서벵골로 나누었어요. 인도의 민족 운동이 힘을 얻지 못하게 만들려는 속셈이었지요.

분노한 인도인들은 한마음이 되어서 저항했어요. 영국산 면직물을 불태우고, 상점과 공장 문을 닫았어요. 인도국민회의*에서는 '영국 물건을 사지 말자', '국산품을 애용하자', '인도인의 손으로 인도를 통치하자', '교육만이 힘이다' 등의 구호를 내걸었지요. 결국 1911년 벵골 분할령은 폐지되었지만, 종교 간 갈등을 일으키려 했던 영국의 속셈은 오랫동안 인도 사람들 가슴속에 남았답니다.

인도국민회의 ○○●

인도 정부 내무장관 영국인 흄이 1885년 결성한 정치 단체. 원래는 영국의 인도 통치를 개선하려고 만들었으나, 벵골 분할령 이후에는 영국을 반대하며 인도 근대화와 민족 운동을 전개해 나갔다.

드디어 1947년에 인도는 손꼽아 기다리던 독립을 했어요. 그러나 독립의 기쁨은 잠시였지요. 인도국민회의와 이슬람동맹이 각각 자기들의 나라를 세우려 했기 때문이에요. 이 문제로 많은 사람이 죽거나 종교를 찾아 떠나는 혼란을 겪었어요. 인도의 독립을 이끌었던 지도자 마하트마 간디는 "힌두교든 이슬람교든 기독교든 종교를 가리지 말고 한 나라를 세워야 한다."라고 외쳤지만 암살당하고 말았어요.

결국 힌두교를 믿는 인도와 이슬람교를 믿는 파키스탄으로 나뉘어 각각 독립 국가를 세우게 되었답니다. 이슬람교와 힌두교 간 종교 갈등이 영국의 식민 지배를 겪으면서 더욱 커져 인도가 분리되는 결과를 낳은 거예요.

동파키스탄이 독립한 나라, 방글라데시

그런데 옛 지도를 잘 보면 특이한 점이 있어요. 거대한 인도를 사이에 두고 파키스탄 영토가 두 지역에 흩어진 거지요. 동벵골이 있던 곳의 동파키스탄과 인도 서북쪽에 있는 서파키스탄. 인도를 사이에 두고 1,000km가 훨씬 넘는 거리에 있는 이들은 이슬람교를 믿는다는 것 말고는 공통점이 거의 없었어요. 언어도 문자도 민족도 풍습도 모두 달랐거든요. 게다가 인구는 동파키스탄이 훨씬 더 많았지만, 정치는 서파키스탄을 중심으로 이루어졌어요. 정부의 예산도 서파키스탄 중심으로 쓰였고, 동파키스탄 사람들은 공무원이 되어도 높은 자리에 오르기 힘들 정도로 차별을 받아야 했지요. 이 밖에도 불편한 점이 헤아리기 어려울 만큼 많았어요.

서파키스탄과 동파키스탄 사이에 또다시 갈등이 시작되었어요. 물론 파키스탄과 인도 사이에도 분쟁은 계속되었지요. 1952년 서파키스탄은 오직 우르두어만을 공식 표준어로 지정했어요. 벵골어를 쓰던 동파키스탄에선

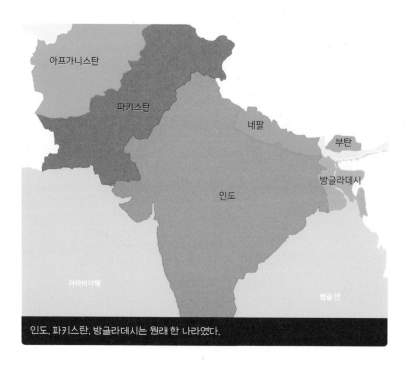

인도, 파키스탄, 방글라데시는 원래 한 나라였다.

대학생을 중심으로 강력하게 반대 운동을 벌였어요. 이 과정에서 수많은 사람이 죽거나 다치면서 벵골어도 표준어로 인정한다는 선언이 나왔어요.

하지만 이 사건을 계기로 벵골 지역의 동파키스탄인들은 서파키스탄으로부터 독립하기 위한 움직임을 시작했어요. 마침내 1971년 동파키스탄이 독립해 방글라데시가 된 거예요. 본래의 인도가 힌두교를 믿는 인도, 이슬람교를 믿는 파키스탄과 방글라데시로 분리된 셈이에요. 참고로 인도 남쪽의 스리랑카는 불교 국가예요.

우리가 사는 세상에는 분쟁과 다툼이 끊임없이 일어나고 있어요. 인도처럼 종교 갈등으로 나라가 갈라지기도 하고 자원 다툼 등 여러 이해관계 때문에 나라가 분열되기도 하지요. 때로는 국제 분쟁으로 확산되기도 합니다. 함께 살아가야 하는 세상에 필요한 것은 무엇일까요? 평화를 지키려는 마음과 상대방을 이해하고 받아들이는 태도 아닐까요?

하나의 나라를 셋으로 나눈 종교의 위력

신문 보면서 맛있게 역사 공부하기

한입에 꿀꺽! 뉴스 속 세계사

초판 1쇄   2018년 05월 08일
초판 3쇄   2021년 07월 12일

지은이   공미라

책임편집   양선화
마케팅   강백산, 강지연
디자인   이정화
일러스트   신병근, 이혜원
사진   위키피디아

펴낸이   이재일
펴낸곳   토토북
주소   04034 서울시 마포구 양화로11길 18, 3층 (서교동, 원오빌딩)
전화   02-332-6255
팩스   02-332-6286
홈페이지   www.totobook.com
전자우편   totobooks@hanmail.net
출판등록   2002년 5월 30일 제10-2394호
ISBN   978-89-6496-373-9 43900